MELHORES
POEMAS

Álvaro Alves de Faria

Direção
EDLA VAN STEEN

MELHORES POEMAS

Álvaro Alves de Faria

Seleção
CARLOS FELIPE MOISÉS

São Paulo
2008

© Álvaro Alves de Faria, 2005
1ª Edição, Global Editora, São Paulo 2008

Diretor Editorial
JEFFERSON L. ALVES

Gerente de Produção
FLÁVIO SAMUEL

Assistente Editorial
CLAUDIA DENISE SILVA

Revisão
ANA LUCIA S. DOS SANTOS
JOÃO REYNALDO DE PAIVA

Editoração Eletrônica
ANTONIO SILVIO LOPES

Dados Internacionais de Catalogação na Publicação (CIP)
(Câmara Brasileira do Livro, SP, Brasil)

Faria, Álvaro Alves de
  Melhores poemas : Álvaro Alves de Faria / seleção
Carlos Felipe Moisés. – São Paulo : Global, 2008. – (Coleção
Melhores Poemas)

  ISBN 978-85-260-1312-4

  1. Poesia brasileira I. Moisés, Carlos Felipe. II. Título.

08-04444   CDD–869.91

Índices para catálogo sistemático:
1. Poesia : Literatura brasileira   869.91

Direitos Reservados

**GLOBAL EDITORA E
DISTRIBUIDORA LTDA.**

Rua Pirapitingüi, 111 – Liberdade
CEP 01508-020 – São Paulo – SP
Tel.: (11) 3277-7999 – Fax: (11) 3277-8141
e-mail: global@globaleditora.com.br
www.globaleditora.com.br

Colabore com a produção científica e cultural.
Proibida a reprodução total ou parcial desta obra
sem a autorização dos editores.

Nº DE CATÁLOGO: **2709**

Carlos Felipe Moisés nasceu em São Paulo, em 1942. Seus principais livros de poesia são: *Carta de marear* (1966), *Círculo imperfeito* (1978), *Subsolo* (1989) e *Lição de casa* (1998). Entre seus livros de crítica literária, destacam-se: *O poema e as máscaras* (1981), *Poética da rebeldia* (1983), *Literatura, para quê?* (1996), *O desconcerto do mundo* (2001), *Fernando Pessoa: almoxarifado de mitos* (2005) e *Poesia & utopia* (2007). Traduziu, entre outros títulos, *Tudo o que é sólido desmancha no ar* (1986), de Marshall Berman; *Que é a literatura?* (1989), de Jean-Paul Sartre; *O poder do mito* (1990), de Joseph Campbell . É autor de obras infanto-juvenis, como *O livro da fortuna* (1992) e *Conversa com Fernando Pessoa* (2007). É formado em Letras Clássicas pela Universidade de São Paulo, onde lecionou, entre 1966 e 1991, assim como em outras instituições universitárias, no Brasil e nos Estados Unidos.

SAUDAÇÃO A ÁLVARO ALVES DE FARIA

*Mudem-me os Deuses os sonhos,
mas não o dom de sonhar.*

Bernardo Soares

Reparou na epígrafe, meu querido amigo? Acho que você assinaria embaixo, por isso a escolhi. E então posso ir declarando, de saída, o porquê desta saudação: é que você soube manter esse tempo todo, intacto, o seu dom de sonhar, proeza mais do que merecedora, não só desta, mas de todas as saudações possíveis. Afinal, sonhar ininterruptamente, ao longo de mais de quarenta anos; sonhar entre um século cujos símbolos mais visíveis desabaram há muito tempo e outro, que mal começou, no qual "se calhar, tudo é símbolos"; sonhar tanto e tão prolongadamente não deve mesmo passar despercebido.

Sim, eu sei: a epígrafe, o fragmento de verso incrustado no parágrafo anterior e o próprio título não são simples coincidência. Foi de caso pensado que convoquei o poeta dos heterônimos para me amparar na abertura desta saudação. Você reparou também que o heterônimo ajudante de guarda-livros menciona o "dom" de sonhar, isto é, a dádiva recebida. Até admito que possa ter sido assim, na origem: você talvez tenha recebido, um dia, junto com o talento (dos Deuses, da Natureza, do Destino, tanto faz: se calhar tudo é símbolos), esse dom precioso; mas eu me refiro ao fato de que você soube manter esse dom, e isto significa reconhecê-lo como tal, cultivá-lo, aperfeiçoá-lo e utilizá-lo na melhor direção, entre as apontadas pela consciência. Numa palavra, você *conquistou* o dom de sonhar. Penso que os deuses do Bernardo Soares, com ou sem inicial maiúscula, não tiveram nada a ver com isso. Se fosse apenas um "dom", eu não veria motivo para saudá-lo; sendo como é, então, sim, eu o saúdo, nestes seus quarenta e tantos anos de poesia.

Mas eu falava em Fernando Pessoa, quando esbarrei no contra-senso do dom que se conquista, por oposição àquele que se ganha sem esforço. Ao começar a redigir esta saudação, meio sem pensar (só depois é que virou caso pensado), ocorreu-me fazê-lo à maneira do poeta. Você se lembra, Álvaro, da "Saudação a Walt Whitman"? Sei de cor, desde aquele tempo, o primeiro verso: "Portugal-infinito, onze de junho de mil novecentos e quinze" (veja só a coincidência: seu pai ia nascer umas semanas depois). E em seguida um grito, que é como deve ser, aliás, toda saudação que se preze. Cravei, então, o título e pensei em começar: "São Paulo-infinito, onze de junho de dois mil e sete". Mas aí hesitei, fiquei olhando a tela vazia, os dedos tamborilando, nervosos, nas bordas do teclado, do mesmo modo como, em outros tempos, contemplávamos a folha em branco, essa que pode acolher, contudo, qualquer mundo, lápis entre os dentes.

Fui reler o outro Álvaro, o de Campos, e logo reconheci que não era esse o caminho. Por quê? Simples: na saudação famosa, o celebrado é só pretexto para que o celebrante se autocelebre. No caso, diga-se de passagem, Pessoa está no seu pleno direito. Sua comprovada genialidade e a consciência disso justificam o pecado do auto-elogio. Mas nenhum de nós, meu caro Álvaro, está em nenhum dos dois casos. Você não acha?

No entanto, Pessoa insistiu em permanecer no meu rascunho – primeiro no título, em seguida na epígrafe, depois no fragmento de verso: "se calhar, tudo é símbolos". Por quê? Simples, de novo: porque o poeta português foi passagem obrigatória para os da nossa geração; porque quando você, Álvaro, começou a sonhar por escrito (não sei com que você sonharia antes de estrear com Noturno maior, em 1963), todos nós íamos descobrindo, com espanto, que o poeta da Mensagem, de um modo ou de outro, já havia sonhado, por nós, muitos dos nossos sonhos.

O impacto causado, naquele momento, pela desabusada rebeldia do poeta fingidor foi tão forte que um do nosso grupo (você se lembra?) jurava ser Fernando Pessoa, ressuscitado ou reencarnado, não sei bem. Não era blague. Nosso amigo, tão imberbe quanto nós, dizia estar certo de que era o próprio Pessoa, redivivo, trasladado para a Paulicéia outrora desvairada, a fim de repetir, aqui, a mesma vida e, claro, a mesma poesia. Nosso companheiro acreditava que Fernando Pessoa já vivera (e não muito antes: estávamos ainda em 1960) tudo quanto a ele, jovem poeta, fosse dado viver, mas sem se dar conta de que o cidadão Fernando Pessoa não vivera nada daquilo, era tudo ficção, tudo literatura. E o jovem poeta dizia essas coisas com o ar sereno de quem tranqüilamente tivesse atinado com a óbvia missão que tinha a cumprir.

Loucura mansa, eu pensava, tão loucura quanto a outra, a de olhos esbugalhados, camisa-de-força e demais apetrechos. Nosso Pessoa reencarnado, claro, era exceção; nunca soube de ninguém, naquele ou em outro tempo, que acreditasse em tais fantasias, ou que o confessasse. Mas por trás da fumaça havia algum fogo: todos nós, naquela altura, partilhamos um pouco dessa miragem, na medida em que acreditávamos na vida expressa (ou inventada) em poesia como algo tão verdadeiro quanto a vida efetivamente vivida.

E você sabe, Álvaro, que não penso em influências. No seu caso, aliás, dos vários mitos poéticos da nossa época – Pessoa, Rilke, Baudelaire, Drummond, Bandeira, Vinicius, Cabral e por aí vai –, acho que o português foi quem menos o influenciou. Suas preferências, eu sei, eram outras: Augusto dos Anjos (que até hoje você considera "o único poeta universal do Brasil", não é mesmo?), Álvares de Azevedo... Por isso, ao associá-lo ao poeta português, penso tão somente naquele "dom de sonhar", que você carrega e cultiva desde o tempo em que Pessoa figurou, para muitos de nós, como o modelo ideal do poeta e da missão da poesia.

Mas nem por isso vou incorrer no despropósito de especular sobre os sonhos que você, então, alimentava e que eu nunca soube quais terão sido – embora desconfie, como diria outro de nossos mitos, o Rosa. Sei que tinham algo a ver com aquele consórcio entre vida e poesia. Acho, Álvaro, que você prosseguiu, ao longo desses mais de quarenta anos, admiravelmente fiel à forte impressão que nos passaram vários dos poetas que então líamos, e continuamos a ler, com entusiasmo, de que a poesia "autêntica" (era assim que se dizia, não era?) brota espontaneamente da vida, e você nunca abriu mão disso.

Sua obra toda, Álvaro, em suas muitas vertentes (a poesia, a crônica, o romance, o teatro, a reportagem, a entrevista), me parece ser o testemunho incansável de uma experiência de vida. Mas isso não a confunde com a autobiografia ou com o diário íntimo. Não acho que sua poesia seja diretamente confessional, não acho que se possa detectar nos seus versos, ou reconstituir, a partir deles, uma trajetória de vida, datada. Penso na experiência de um desejo, uma aspiração, um ideal, até fáceis de definir. Desde aquele tempo, Álvaro, você acredita que a poesia nos torna mais humanos.

Não pretendo especular sobre os seus sonhos, insisto, porque afinal Bernardo Soares tem razão: os Deuses (ou qualquer outro símbolo de teor semelhante) de fato mudam os nossos sonhos, não se cansam de bulir com eles, caprichosa e impiedosamente. Penso mesmo, já agora só para desdobrar a alegoria do ajudante de guarda-livros, que nós somos apenas o receptáculo provisório dos sonhos dos deuses. Por isso, imagino que você não acalente, hoje, os mesmos de quatro décadas atrás. Se eu cometesse a indiscrição de lhe perguntar se você voltaria ao Viaduto do Chá, no teto de uma Kombi, microfone na mão direita, punho esquerdo cerrado, para cantar seu protesto – estou certo de que você diria: não! Mas estou certo, também, na mesma medida (perdoe-me a incongruência), de que você diria, quase ao mesmo tempo: sim, faria tudo de novo, desde que...

11

Pois é, você acrescentaria um decisivo "desde que", não é verdade? A condição, a circunstância e o a-propósito já não são, não poderiam ser, os mesmos... Os sonhos em si, além do modo como possam ganhar sua configuração em palavra escrita (ou berrada no meio da rua), importam menos que o dom de sonhar, seja lá com o quê, e é o que você tem feito, a vida toda, fiel à mesma admirável convicção, ora aflita, ora jubilosa, ora desesperada, de que (outra vez Fernando Pessoa!) sonhar é preciso, viver não é preciso. Por quê? Porque sonhar em poesia, como você o tem feito, é algo que brota, não sei se espontaneamente, mas brota, sim, da vida e para aí reflui, sem cessar.

É por isso, então, meu poeta, meu fraterno amigo Álvaro Alves de Faria, que eu o saúdo, na abertura desta antologia, que para minha honra você me incumbiu de organizar. É por isso, também, que concentrei aqui, neste falso prefácio, toda a carga afetiva que, julgo eu, não caberia bem no prefácio propriamente dito, logo adiante, onde ensaio algum distanciamento, mas não muito, reconheço. (Aqui o afeto é direto; ali ele se esgueira no labirinto das racionalizações.) Apesar de você se queixar, num dos seus desabafos recentes: "Tanto sonho não cabe mais na cabeça de um poeta", eu lhe desejo, no fecho desta saudação, muito mais sonho ainda, desse sonho benigno, capaz de nos tornar, quem sabe, um pouco mais humanos, e capaz de tornar a vida uma experiência (que não pedimos, mas de bom grado aceitamos) digna de ser vivida.

São Paulo-infinito, onze de junho de dois mil e sete

TRANSITORIEDADE E PERMANÊNCIA

1

Auden parece ter sido dos primeiros a observar que "o estilo característico da poesia moderna é o tom de voz intimista, a fala de uma pessoa que se dirige a outra pessoa e não a um amplo auditório; toda vez que alteia a voz, o poeta moderno soa como impostor".[1] Boa razão para que parte considerável da poesia do século XX se empenhe, obcecadamente, em atingir o maior número possível de leitores, na tentativa de romper a muralha do ensimesmamento e do hermetismo, e por vezes sem disfarçar o receio de que o alto brado soe como impostura. Por isso, também, a voz que se quer coletiva não raro alterna com a voz pessoal, orgulhosa de sua solidão e do seu subjetivismo radical. Se não valer para a maioria dos poetas, a observação de Auden (com seu inevitável e paradoxal desdobramento) valerá para Álvaro Alves de Faria, poeta representativo da Geração 60, que ostenta em seu currículo a marca expressiva de 20 livros de poesia, em 44 anos de carreira.

---

1 W. H. Auden, "The Poet & the City", in James Scully (org.), *Modern poetics*, Nova Iorque, McGraw Hill, 1965, p. 178.

A memória do pai,[2] uma das coletâneas mais significativas da sua fase recente, é uma espécie de súmula abreviada de algumas das mais fundas inquietações que o acompanham, desde sempre, e que só nessa altura parecem ter encontrado sua expressão plena. A figura evocada no título, e reiteradamente invocada nos poemas, remete sem dúvida para a realidade biográfica, o progenitor do poeta, falecido em 1973, mas de certo modo é só um motivo de circunstância, metáfora do tema essencial do livro: a origem primordial. A lembrança do pai desencadeia a ingente perquirição dos fundamentos onde se assenta (ou poderia assentar-se) toda uma vida, o sonho impossível da permanência que se entremostra nos desvãos da transitoriedade.

Na verdade, é um só longo poema, que se desdobra em vários, é o mergulho vertiginoso do poeta na fresta imponderável do Tempo, em busca da substância definidora de toda uma vida. Essa perquirição põe a nu a consciência ao mesmo tempo lúcida e alucinada que oscila entre a conquista definitiva e a perda irreparável: "Meu pai / nunca soube / que eu morri". Vida, morte e consciência aí se cruzam e se enovelam e o tempo cronológico é subvertido, na tentativa inútil de apresar a fragilidade do instante irrepetível, preservado da voracidade dos acontecimentos, mas que só ganhará algum sentido quando e se projetado na tela do poema. Só então será possível saber que nada se passou ou nada se passa: tudo continua a passar.

Convertida em memória, a imagem do pai remete à matéria de vida plena que sempre aí esteve, e

---

2   Á. A. de Faria, *A memória do pai*, Coimbra, Palimage, 2006.

por isso passou despercebida, vindo agora, trocado o sinal, a povoar o espírito do poeta, aturdido pela certeza da sua própria extinção. Tanto tempo e tantos livros depois de sua descoberta como poeta, Álvaro de Faria se descobre, heideggerianamente, como ser-para-a-morte. Recuperada a partir da reminiscência de uma ou outra cena singela, ou da banal delicadeza de algum retalho da vida cotidiana, a imagem do pai vem a ser o espelho dúbio onde se reflete a morte em si – não a morte do que foi, mas, como diz o poeta dos heterônimos, do que poderia ter sido e já agora nunca chegará a ser. Por isso a fala do poeta reveza a evocação, que afasta, com a invocação, que aproxima, e a vertigem da memória resulta em viagem ao interior de si mesmo, no encalço daquela miragem de vida plena, convertida em simulação da morte:

> Não sei dizer, pai, dessa alegria
> com que me falas
> nem sentir sei o desejo de viver
> que tens em ti.
>
> Sei apenas da melancolia
> com que te calas
> a sentir em mim
> o que de mim nunca senti (p. 27).

Não por acaso, o cenário predileto dessa evocação-invocação é o entardecer, no campo,[3] como no

---

[3] Até essa altura, o escritor vinha realizando uma poesia entranhadamente urbana, comprometida com a hostilidade do aço, do asfalto e dos arranha-céus, mas também com a imponderável magia da cidade de São Paulo.

comovente devaneio que começa "Na figura desse pastor a olhar a tarde / vejo meu pai". É indisfarçável, aí, a extração literária do cenário bucólico, freqüente em toda a coletânea, e é nesse cenário que o poeta reúne seus numes tutelares, na vertente portuguesa: Sá de Miranda, Camões, Garrett, Antero, Antônio Nobre, Fernando Pessoa, Eugênio de Andrade e tantos outros, expressamente referidos ou enviesadamente revisitados. A lembrança do pai começa por ser lição de vida mas acaba por se transmudar em lição de poesia. Os poetas portugueses talvez sejam, na verdade, desdobramentos da imagem soberana de um Pai tornado sempre Outro, a partir da identificação com esse pastor anônimo, ao pôr-do-sol, metáfora multiplicada do Eu que parte ao encontro de si mesmo:

O castigo de não me ser
a olhar-me no rosto mais velho
como se ainda estivesse a viver
minha imagem guardada no espelho (p. 34).

A predileção pelo entardecer vem a simbolizar a obsessão do poeta pelo instante fugidio, a precariedade dos momentos de passagem, quando tudo perde os contornos e a nitidez e as coisas já não são o que foram, mas ainda não chegam a ser o que finalmente serão (poderiam ser?), no instante seguinte, que mal se adivinha. Assim, entre ser e não-ser, guiado pela memória do Pai, o poeta apreende a plenitude do seu eterno devir – que a ironia da rima única, nos dísticos regulares do fragmento abaixo, anuncia como eterno retorno:

no espelho em que me vejo
nada em mim me reconheço

falam-me os provérbios sábios
mas com eles ensurdeço

quando penso em nascer
sinto mais que envelheço

e quando me penso lúcido
muito mais me enlouqueço

quanto mais chega a manhã
mais em sombras anoiteço

quanto mais me desfiguro
mais comigo me pareço (p. 42).

E aí estão, mal disfarçadas, as mesmas perplexidades vividas pelo poeta no seu momento inicial, com *Noturno maior* (1963), *Tempo final* (1964) e *O sermão do viaduto* (1965). Por isso, era natural que a antologia adiante reunida abrisse com os poemas mais recentes e fosse recuando aos poucos, na ordem contrária à cronologia, até reencontrar o ponto de partida. Não deixa de ser uma espécie de ficção, permitida e de certo modo imposta pela peculiar trajetória poética e humana do autor: não é o passado que lança luzes sobre o presente, mas, ao contrário, este é que induz a compreensão adequada daquele. A cada avanço, convertido em recuo, segundo a ficção proposta, a transitoriedade do que foi pede ser revista e reformulada à luz do que pôde permanecer.

À parte isso, chama a atenção o fato de que a fase recente[4] é, de longe, a mais produtiva da carreira do autor: nos últimos dez anos, de *Gesto nulo* ao recém-publicado *Babel*, nada menos que onze livros, contra os nove que o poeta havia publicado nas décadas anteriores. E não se trata de livros escritos há tempos e só agora vindos à luz: o ritmo de publicação, nos anos recentes, tem correspondido ao ritmo efetivo da criação. Há qualquer coisa de júbilo e fervor genuínos neste ciclo atual, em que o poeta parece ter encontrado sua expressão plena.

2

Para nos darmos conta da importância desse momento privilegiado (para o poeta e para seus leitores), basta colocar em confronto as coordenadas descritas no tópico anterior e o momento inicial da trajetória. O livro de estréia, *Noturno maior*, quatro décadas atrás, já abrigava, além da atração pelas atmosferas sombrias, anunciada no título, a obsessão pela morte, que acompanhará o poeta daí por diante. A tonalidade densa e uniforme da coletânea, poema a poema, é determinada pela mesma voz ansiosa, igualmente obsessiva, expressão da subjetividade em crise. Mas tudo não passa de metáforas: não se trata de poesia metafísica ou reflexiva nem propriamente da procura

---

4   *Gesto nulo* (1998), *20 poemas quase líricos e algumas canções para Coimbra* (1999), *Terminal* (1999), *Vagas lembranças* (2001), *Poemas portugueses* (2002), *A palavra áspera* (2002), *À noite, os cavalos* (2003), *Sete anos de pastor* (2005), *A memória do pai* (2006), *Inês* (2007) e *Babel* (2007).

da morte ou da negação de si mesmo, mas da tentativa desesperada de auto-afirmação, na esteira de um vago sentimento de plenitude, ideal inatingível, no entanto mais real ou mais verdadeiro que a miséria da vida cotidiana. A morte e as sombras, responsáveis pela atmosfera dominante, aparecem mais como representações metafóricas do que como fim último de uma indagação. Subjetividade em crise, busca da autoidentidade... É indisfarçável aí a inquietação adolescente (romântica?), o extremismo próprio dos 20 anos: a vida plena, ou nada.

> Aprendi a ser adulto,
> e deste crime
> tenho a recompensa trágica
> de andar sendo seguido pela sombra
> do menino de mim assassinado.
> [...]
> agora que me encontro morto,
> vou sair noite adentro
> e gritar para as pedras,
> devorar-me em cada instante
> deste momento
> em que os relógios estão parados
> e os minutos mortos.
> [...]
> Não há mais o limpo, o puro, o simples,
> nem os meninos da chuva há,
> nem os pássaros dos mortos há,
> nem o riso de terra e os dentes de vida.
> Os lugares estão frios,
> e ruas não há mais.[5]

---

5 *Noturno maior*, in *Trajetória poética* (TP), São Paulo, Escrituras, 2003, p. 600-603. Salvo indicação em contrário, os poemas serão citados sempre desta edição.

No âmago da crise, avulta com nitidez a imagem do Eu incompatibilizado consigo mesmo e com o mundo. Daí a angústia que leva o poeta a se voltar, pleno de agressividade, contra os índices mais caros da vida afetiva: assassinar flores; no meio do vento, o lírio morto; mastigar estrelas, engolir luas, devorar constelações... Vale dizer o poeta empenhado em destruir o que, à sua volta, não lhe pareça preservar o mito da pureza ideal, aprendido (e perdido) na infância. Com isso, à noite e à morte soma-se o espectro inevitável da solidão, que não propicia o desejado encontro de si mesmo e só faz agravar o impasse: "preciso de mim / para não morrer sozinho". Assim como a obsessão pela morte esconde a afirmação da vida, a ênfase na solidão vem a ser o reverso da procura ansiosa de receptividade e comunicação, a busca desesperançada do necessário vínculo com o semelhante:

> Não gosto de ver minha porta aberta
> pois tenho medo que o grito chegue
> e me encontre
> como das vezes passadas.
> Não quero ver minha porta aberta,
> pois não tenho coragem
> de continuar ouvindo os vultos da rua (TP: 599).

Não obstante as oscilações da juventude (*Noturno maior* foi escrito aos 16 anos de idade), já na obra de estréia se configura o denso conflito emocional que virá a alimentar toda a obra de Álvaro Alves de Faria: o conflito extremado do abandono e da incomunicabilidade, que oscila entre a acusação de ter sido repudiado pelo mundo e o desespero da autodeserção.

Nesse compasso, auto-imagem e imagem do mundo, entrelaçadas, parecem ambas regidas pelo signo da exasperação e da passionalidade, chamando a atenção para o teor confessional dessa poesia de estréia, uma poesia que aparenta buscar a transparência do documento existencial. O próprio autor talvez não se dê conta, nessa altura, de que o alvo ulterior dos impulsos que o movem é o poder transfigurador da linguagem poética. Em seus primeiros poemas, um jovem poeta está à procura de um estilo, e já demonstra inclinar-se pelas imagens ousadas, as associações inusitadas e a imaginação desregrada, a valorizar a expressão como tal. Temos aí a mesma inclinação pela exasperação e a passionalidade, detectáveis na dimensão existencial.

O livro seguinte, *Tempo final*, amplia o quadro. Além dos novos motivos (a figura da mãe, a religiosidade, o Outro), convocados para intensificar o conflito, a coletânea assinala qualquer coisa como a perda da inocência. Aquilo que era ou parecia ser o registro espontâneo de uma experiência de vida começa a se apresentar como articulação literária, conscientemente manipulada, em função dos efeitos retóricos permitidos ou exigidos pelo propósito deliberado da criação:

> Que a tumba de minha aparição
> seja o último leito da vida que tenho,
> mesmo banhado e sujo de lodo,
> mesmo que minhas mãos
> arranquem da terra a semente plantada,
> mesmo que o grito
> caia dentro do mundo (TP: 579).

O tom agora vai pondo de lado o coloquialismo para se fazer hiperbólico e declamatório, e a palavra deixa de ser simples veículo transmissor para se tornar fonte geradora de experiência, de modo que a angústia, o desespero e as demais tonalidades, já conhecidas, passam a ser também geradas ou ao menos intensificadas no espaço da página, alimentadas e estimuladas pelo contágio das palavras, que se sucedem em profusão. É a poesia entendida mais como ficção (no sentido proposto por Pessoa: "o poeta é um fingidor") do que como documento. Não estamos mais diante de um Eu que simplesmente se expressa, mas que, ao se expressar, se contempla:

> Que nada se veja
> quando meu corpo estiver passando,
> dentro de uma caixa preta,
> embrulhado como um presente para o inferno,
> como relíquia perdida dentro de um buraco (TP: 580).

Permanece, como se vê, a obsessão pela morte, que deixa, porém, de ser apenas resposta emocional, mais ou menos difusa, para ganhar contornos de tema literário, conscientemente explorado. Ao tom declamatório soma-se certa teatralidade, índice de desdobramento da personalidade, visível por exemplo no uso intensivo da primeira pessoa do plural – a confirmar o adágio famoso de Wallace Stevens, segundo o qual "autores são atores, livros são encenações".[6] À medida que o Eu se desdobra, para se fazer

---

6 W. Stevens, "Adagia", in *Modern poetics*, ed. cit., p. 146.

espetáculo de si mesmo ("quando meu corpo estiver passando"), cresce a sensação de estar sendo vigiado e escarnecido pelos outros, uma sensação aliás obsessiva, como quase tudo em Álvaro de Faria:

> e teremos mil olhos nos espiando,
> e correremos pela cidade.
> As malas nas mãos, nossas vidas
> caindo no meio da rua que será estreita.
> [...]
> Procuraremos um bar,
> entraremos para fumar e beber a morte
> num cálice preto,
> mas não haverá ninguém que nos atenda (TP: 584).

Nessa altura, esboçado o quadro geral do conflito que dá corpo a essa poesia, começa a chamar a atenção uma ausência: o humor, em qualquer das suas formas. O discurso engendrado pelo poeta é invariavelmente austero, compenetrado, gravíssimo. Tal fato contribui para acentuar a atmosfera opressiva e sufocante, característica do autor, e vai pouco a pouco sugerindo uma concepção da existência como dolorosa tarefa a cumprir e não, digamos, como prazer a ser desfrutado; como uma espécie de punição, não como dádiva bem-vinda. Na raiz dessa concepção se escondem, possivelmente, uma ética puritana ou punitiva e uma religiosidade de tipo autoritário, de que o poeta seria ou sentir-se-ia vítima. Mas isso não passa de conjectura. Os poemas exibem os efeitos que a crise da subjetividade provoca e as eventuais causas dessa crise não chegam a aflorar. A razão está em que o rumo escolhido pelo poeta, e que aos poucos vai-se firmando, está longe de ser biográfico, a não ser que se pense na simbologia da biografia interior, biografia como testemunho, paradoxalmente impessoalizada, e não como documento.

De qualquer modo, a nova dicção, mais articuladamente literária, posta a circular em *Tempo final*, faz que essa poesia ganhe certo pendor espiritualista, elegíaco, que irá desembocar na veemência ainda mais declamatória, de extração bíblica, de *O sermão do viaduto*, tentativa de poesia engajada, voltada para as circunstâncias, numa atitude francamente visionária de quem, talvez para aliviar a extrema tensão do conflito interior, se assume como porta-voz da coletividade: "Eu falo em nome de todos os tristes". A tonalidade, agora, visivelmente inspirada na tradição bíblica, ganha uma inflexão profética, apocalíptica, que se desdobra em versos-parágrafo:

> Todos ergam as mãos e chorem as mães: o sermão do viaduto vai começar: o trigo subirá à pedra para a espiga do homem, e existirá no rosto das estátuas. Eu exigirei o retorno dos fugitivos da vida (TP: 550).

Não se trata, claro está, de opção religiosa ou ideológica: a linguagem bíblica fornece mais o instrumental retórico, por assim dizer, do que o teor doutrinário. Trata-se, antes, de um largo e generoso apelo afetivo, que insiste ainda nas mesmas obsessões temáticas dos livros anteriores: a morte, a solidão, o abandono, o desespero. Tal "sermão" foi efetivamente declamado pelo poeta, em altos brados, com o uso de um megafone, no Viaduto do Chá, no centro da cidade de São Paulo, mas isso não passou de circunstância extrínseca: no outro extremo, ele poderia tê-lo sussurrado para si mesmo, no recesso do quarto. Não estamos diante de uma subjetividade que se anule para captar as inquietações alheias, distintas das suas, mas que se expande, através da eloquência ou da veemência oratória, a fim de ganhar a empatia dos demais:

> Nós estamos entre os perdidos.
> [...]
> Somos meninos-falecidos dentro da caixa de outro tempo: nós ficamos sozinhos numa ponte, nós somos a elegia de um Deus só, somos os que possuem dogmas, somos os construtores de ergástulos, os despidos de presença.
> [...]
> Eu procurei amor no meio da multidão, e pretendi justiça, e fiz um discurso de silêncio, erguendo minhas mãos para as rachaduras dos templos: mas vi a escuridão do mundo bater em meu rosto magro.
> [...]
> Eu estou onde não estou,
> eu sou mesmo um solitário,
> eu acho que a solidão é Deus (TP: 557).

O sermão do viaduto representa uma difícil encruzilhada na trajetória de Álvaro de Faria e não seria possível ignorar, aqui, os fortes laços que unem essa experiência a todo um clima de época, os anos imediatamente posteriores ao golpe militar de 1964. Pouco antes ou pouco depois da tentativa de Álvaro Alves de Faria, vários dos seus companheiros de geração, em São Paulo, atenderam ao mesmo apelo de comunicação imediata com o semelhante, empenhando-se em experiências similares: Eduardo Alves da Costa (*O tocador de atabaque*, 1969), com seu ciclo de recitais no Teatro de Arena, e, na companhia de Carlos Soulié do Amaral (*Tributo poético*, 1963) e do próprio Álvaro de Faria, com seu "Comício poético" na Praça da Sé; Lindolf Bell (*A tarefa*, 1966), com sua "Catequese poética"; Neide Archanjo (*Poesia na praça*, 1970) e Eunice Arruda (*Invenções do desespero*, 1973), com suas declamações na Praça da República e em teatros; e tantos outros... Foi um momento especial em que a comoção coletiva, com ou sem conotação ideológica, mas sempre com forte viés de engajamento político, ameaçou (ou pareceu) sobrepor-se ao ensimesmamento lírico, que por sua vez nunca deixou de ser, nem nessa altura, a tendência mais acentuada de toda a geração.

No caso de Álvaro de Faria, a sobreposição da voz intimista, como diz Auden, e da voz que se alteia, representou um momento de crise, como se o empenho político-humanitário implicasse a negação da auto-identidade lírica, ou vice-versa. Ao mesmo tempo, a crise fez também aflorar uma consciência social que passará a constituir uma dimensão inalienável do seu estar-no-mundo. A especial conjuntura daquele momento histórico de certo modo obrigou a que o poeta e o cidadão não se distinguissem um do outro. Na altura de *O sermão*, com efeito, o poeta "descobre" a realidade cotidiana, imediata e palpável, e se reconhece como ser histórico, *être-pour-les-autres*, como diria Sartre. Nesse momento luminoso e angustiado, ele se dá conta de que "a realidade não depende de mim para existir", como adverte Alberto Caeiro –

verdade singela, cujo corolário seria: então a minha existência, em si e por si, fora do espaço e do tempo, não faz o menor sentido; se a realidade não depende de mim, já eu dependo dessa mesma realidade, não para simplesmente existir, mas para fazer jus à existência. Bem por isso, quase uma década de silêncio se interpõe entre *O sermão do viaduto* e o livro seguinte, *4 cantos de pavor e alguns poemas desesperados*, um silêncio determinado pelas mordaças do regime ditatorial, sem dúvida, mas também pelas perplexidades do dilema interior, atrás delineado. (Silêncio assim prolongado, embora menos, só voltará a ocorrer nos anos 1990, mas a isso chegaremos mais adiante.)

3

Em *4 cantos de pavor e alguns poemas desesperados*, título que parafraseia e homenageia o Pablo Neruda dos *20 poemas de amor y una canción desesperada*, assim como no livro que vem em seguida, *Em legítima defesa*, a poesia de Álvaro Alves de Faria, parecendo libertar-se, ao mesmo tempo, da obsessão pela morte e do vezo declamatório, que tinham marcado sua obra até então, ganha um tratamento mais apurado. A linguagem, agora tendente à concisão, consegue ser antidiscursiva, em vários momentos, e se enriquece de associações livres, por vezes de sabor surrealista. Rompe-se, por fim, a pesada couraça da gravidade e algum humor, ainda que discreto, ingressa no repertório expressivo do poeta, sob a forma da ironia e do sarcasmo, as armas de que ele dispõe contra o sem-sentido da vida cotidiana – como neste poema, de sabor cabralino:

> A sala estendida no seu estilo:
> um quadro na paisagem morta,
> da morta sala,
> salta e some na paisagem viva
> da casa.
>
> Estendida entediada
> no seu corpo,
> seu ar sem sol,
> a sala.
>
> No pássaro embalsamado,
> na viva calma
> da paisagem morta do quadro,
> a sala salta sôlta
> e solta
> a sombra do seu jazigo,
> toda e completamente
> estendida no seu estilo.
>
> A sala no seu alicerce,
> a sala e seu cliente (TP: 520).

Brevidade, concisão, recorte nítido dos versos, tendência à elipse, consciência do valor estético dos vocábulos, ritmos mais cadenciados e demarcados: tais são as qualidades que o poeta começa a apreciar e a desenvolver, e que ganham destaque na seqüência de coletâneas que compõem essa segunda fase.⁷ Trata-se, em suma, da abdicação da necessidade de se explicar, para apenas registrar, com o máximo de economia, uma emoção. Nessa vertente, a carga emocional se torna ainda mais densa, justamente porque se expressa de modo oblíquo, sem ênfase retórica e sem a presença ostensiva do Eu. A valorização dessa tendência, porém, não impede que despontem, aqui e ali, alguns poemas mais discursivos, que parecem pertencer à fase anterior, e assim será, por muitos anos. Mas a nota mais alta, no sentido da superação dos próprios conflitos, é dada por poemas como esse.

Assinale-se desde já que a tendência à brevidade e à contenção seguirá intermitente, por anos a fio, atingindo seu ponto culminante – o máximo de economia verbal que um poeta expansivo como Álvaro Alves de Faria se poderia permitir – com *A palavra áspera*, já na fase atual, livro em que, não por acaso, se concentra uma cerrada reflexão sobre a poesia, não aquela Poesia da solene inicial maiúscula, idealização tão propícia às expansões declamatórias, freqüente nas obras iniciais, mas a poesia mais pedestre, modestamente encarada como trabalho diuturno, ato materializado, contra a folha em branco, ali onde se trava a luta com as palavras – se pudermos recorrer, aqui, a essa dupla alusão drummondiano-cabralino. Mas não nos antecipemos. Voltemos ao momento crucial da crise instalada com *O sermão do viaduto*.

A autodescoberta do poeta enquanto ser histórico, tal como vimos parágrafos atrás, além de propiciar

---

7 *4 cantos de pavor e alguns poemas desesperados* (1973), *Em legítima defesa* (1978), *Motivos alheios* (1983), *Mulheres do shopping* (1988), *Lindas mulheres mortas* (1990) e *O azul irremediável* (1992).

essa mudança de rumo, que conduzirá à concisão e à reflexão metapoética, é responsável também por abrir espaço para a realidade cotidiana, a vida banal, comum a todas as criaturas, a realidade corriqueira, em suma, avessa à teatralidade e à ênfase oratória, na esteira de uma tradição que remonta a Baudelaire ou a Cesário Verde e B. Lopes, ou aos nossos primeiros modernistas, Mário, Bandeira e Drummond à frente. Levando adiante a experiência de *Em legítima defesa*, o passo decisivo é dado por *Motivos alheios*, que assinala outra descoberta decisiva: para se livrar dos fantasmas da subjetividade em crise, não basta disfarçá-los ou tentar escondê-los; é preciso enfrentá-los até as derradeiras conseqüências e eliminá-los pela raiz, que se alastra nos subterrâneos do Eu. Parece ter sido esse o trânsito operado no espírito do poeta, ao decidir, por exemplo, que a morte voltasse a ter presença marcante nesse livro, o primeiro dos anos 1980, mas agora isenta da carga obsessiva que conhecera até então, assim como do seu corolário, o impulso autopunitivo, autoflagelador. Além disso, a morte passa a ser filtrada por alguma ironia e distanciamento, sob o signo da meditação, relativa ou provisoriamente apaziguada. A crise da subjetividade começa a ser superada quando o fantasma da morte aparece não mais como apelo emocional, vizinho do desespero, mas como problema colocado pela e para a consciência reflexiva.

Vinte anos após os versos de estréia, o poeta se volta para um leque mais amplo de motivos e preocupações, visível no interesse pelos objetos que lhe povoam o cotidiano: a mesa, a poltrona, a xícara, as solas dos sapatos etc., propiciadores de uma espécie de olhar deambulatório, de extração baudelairiana, que, partindo da casa, se espraia pela rua, os jornais, os passageiros na estação, a noiva na rua da Mooca e assim por diante. Parece realmente superada, com isso, a crise da subjetividade, pelo menos nos moldes em que se apresentara nos primeiros livros. O angustiado e opressivo mundo interior do poeta levou vinte anos para se sublimar em afetividade, estando apto agora a se comunicar com o mundo em redor, transfigurando-o. A experiência pregressa, aqui acumulada, se concentra naquilo que constitui a qualidade mais saliente dessa poesia: seu poder imaginativo, de extração predominantemente pictórica. (Não por acaso, nosso poeta é também pintor e fotógrafo, embora insista em manter em segredo essa outra faceta de sua apurada sensibilidade.)

De fato, muitos de seus poemas parecem brotar de certo olhar insólito, afim da visada expressionista à Ensor ou Munch, um olhar semi-alucinado, devassador e o seu tanto perverso, que não esconde sua preferência por cenas e atmosferas degradadas ou em decomposição – quadros delirantes, pesadelos miniaturizados, em que a realidade é virada do avesso:

> Dormem os insetos nas solas dos sapatos,
> luas se derramam pelas paredes
> e peixes nadam alucinados
> contra as paredes de sal.
> [...]
> A mobília pintada de sangue
> o teto manchado de estrelas
> como se fosse o céu da boca
> onde a aranha engole a mosca
> e adormece no canto do quarto.
> [...]

A serpente corre pelo peito
e o fogo queima as pontas dos dedos,
onde as unhas continuam crescendo.
Agora os móveis se movem (TP: 442 e 462).

Essa fase, que se estende pelos anos 1980, reforça a constatação de que estamos diante de um notável repertório imaginativo, de intenso apelo visual e forte impregnação simbólica, como se o ato poético de fato correspondesse a um sucedâneo da pintura – ato promovido por uma visão substancialmente estética da realidade, que só não chegara a se desenvolver antes, em plenitude, porque vinha sendo de certo modo contida por obstáculos de natureza moral-religiosa ou existencial. Um indício forte da mudança é a diferença marcante entre a sexualidade angustiada, conforme se manifesta nos primeiros livros, e a sensualidade desinibida dos poemas de *Motivos alheios*:

> Reginamar era duas mulheres,
> uma que não era e outra que também não.
> Não sei se realmente a amei.
> As vezes que entrei nela
> tinha a sensação de estar com ninguém.
> Seus seios eram espessos
> e não cabiam nas minhas mãos.
> Suas pernas eram pequenas
> e seu sexo apertado.
> [...]
> Reginamar nunca soube o que aconteceu:
> quando ela abriu os olhos,
> eu já estava dentro de sua pele.

Não teve tempo de se defender,
mas gostava de ver minha saliva
escorrendo no meio do seu corpo.
E por nunca ter compreendido,
e por ser duas mulheres ao mesmo tempo,
foi-se embora para o Norte (TP: 452-453).

Mas Álvaro de Faria está longe de ter repudiado as obras e as vivências anteriores. *Motivos alheios* é perfeito prolongamento do que foi escrito e vivido antes, não faz senão confirmar a extrema fidelidade do autor a si mesmo e aos seus ideais. O quadro inicial de suas inquietações, a partir daquele distante *Noturno maior*, passa por uma série de metamorfoses, vai-se enriquecendo de novos matizes e encontra, nessa recolha de 1983, sua expressão mais amadurecida. Aí temos, ainda, a mesma perplexidade diante da existência, a mesma aguda e comovida sensibilidade, o mesmo despudorado amor pela vida.

Isso só faz por confirmar o lema básico, subjacente à obra toda de Álvaro de Faria: a existência é absurda, viver não faz sentido e a poesia é a única forma de resgatar, pela imaginação, a vida plena que poderia ter sido mas não tem como chegar a ser. É, sem dúvida, uma concepção idealista, neo-romântica, por isso mesmo centrada em dois temas obsessivos: o amor e a morte. Nos livros anteriores, esses temas se irradiam sob a forma do confessionalismo, responsável pela presença dominadora de um Ego em crise, em busca do amor absoluto, reconhecidamente impossível, e torturado pelo espectro da morte, ao mesmo tempo temida e desejada. Em *Motivos alheios*, como vimos, já a partir do título se anuncia uma guinada na direção da realidade exterior, de onde o poeta passará a extrair seus temas e motivos.

O livro seguinte, *Mulheres do shopping*, reforça essa mudança de rumo, com a aparente superação da crise de auto-identidade. Chama a atenção, aí, a deliberada ausência do Eu confessional: a subjetividade se recolhe, permanecendo apenas implícita, como que para não agravar o absurdo e o sem-sentido da vida, e a poesia se volta objetivamente para as coisas em redor, que, observadas à distância, ganham proeminência:

> Imperceptível, o gato
> atravessa a sala,
> mostra os olhos tristes
> para a visita,
> se encosta nas pernas formosas
> de uma atriz de teatro,
> finge carência afetiva,
> recebe um beijo sentimental
> e come o passarinho
> no fundo do quintal (TP: 419).

Esse olhar lírico-sarcástico, que observa o gato na sala, as pernas da atriz e o passarinho, não é evidentemente o olhar de um observador neutro: a cena, longe de ser impessoal, é dirigida; a "carência afetiva" e a ambigüidade do remate (amor e morte) continuam a falar de antigas obsessões pessoais, mas agora com mais sutileza e maior poder de comoção, exatamente porque a intensidade emocional se contém, assume o disfarce da ironia e busca a expressão concisa. Esta, a da concisão, é a qualidade mais saliente desse *Mulheres do shopping*, nítido avanço na carreira de um poeta que antes pendia para o derramamento sentimental, o excesso, a ênfase o seu tanto declamatória. A fuga do confessionalismo é índice de amadurecimento, existencial e literário, e representa distância estratégica. Eliot é quem o diz: "Poesia não é um derramar de emoção, mas uma fuga à emoção; não é expressão de personalidade, mas uma fuga à personalidade. Mas, é claro, só quem tem personalidade e emoções sabe o que significa pretender fugir a elas".[8] O poeta afinal se dá conta de que não é preciso escancarar a própria intimidade para se comunicar, para firmar, com determinação, o seu sentimento do mundo; basta registrar o que o olho capta, com ironia.

No final dos anos 80, *Mulheres do shopping* acaba sendo um desfile de situações e cenas do cotidiano, de imediato reconhecidas pelo leitor, que pode então se identificar de modo mais decisivo com a visão do poeta, isto é, com aquela ironia insinuante, transfiguradora da realidade – transfiguradora porque, apesar desse apego ao cotidiano, a imaginação continua a atuar, rebelde e inventiva:

> Um frasco de perfume sempre
> guardará a figura invisível
> que penetra no quarto,
> como um trapezista.
> [...]

---

8 T. S. Eliot, "Tradition and the individual talent", in *Modern poetics*, ed. cit., p. 68.

> Imagens de cavalos galopam
> entre os olhos e a realidade.
> [...]
> Navio de sombras atravessa
> a palma das mãos,
> naves, espaçonaves,
> automóveis e fliperamas
> percorrem o infinito
> da folha de papel (TP: 415, 419 e 430).

Mulheres do shopping, em suma, é um ponto alto na carreira do poeta, que parece ir aos poucos abandonando ou pelo menos matizando sua concepção romântica, de origem, para ingressar decididamente nesta outra dimensão da modernidade, a que se volta para o cotidiano e o coloquial, o anticonfessionalismo e a ironia, gerando uma poesia que é mais modo de ver que modo de se ver. O ciclo aberto por *Motivos alheios*, confirmado em *Mulheres do shopping*, se estende e se amplia, em diapasão mais ou menos uniforme, nos anos seguintes, com *Lindas mulheres mortas*, *O azul irremediável* e, já no limiar da fase recente, *Gesto nulo*. Com isso, podemos abreviar o trajeto que este prefácio vai tentando inventariar, e retornar à fase atual, de onde partimos, para deter a atenção nos paradoxos com que nos desafia a produção recente do poeta.

4

Destacam-se nesta fase os cinco livros inspirados, concebidos e publicados em Portugal: *20 poemas quase líricos e algumas canções para Coimbra, Poemas portugueses, Sete anos de pastor,* nosso já conhecido *A memória do pai* e *Inês*.[9] No curso de uma experiência que se desenrola desde 1999, Álvaro de Faria vem realizando a descoberta das suas raízes portuguesas, na ordem do pessoal e do biográfico, assim como a descoberta paralela ou subsidiária das raízes portuguesas da sua poesia, à semelhança (no que diz respeito à segunda descoberta) do que em outros tempos ocorreu a um Gonçalves Dias, um Guilherme de Almeida, um Bandeira, um Jorge de Lima, um Vinicius, uma Cecília e a tantos mais. A ninguém jamais ocorreu que nenhum desses poetas se fizesse menos brasileiro por isso. Já Álvaro Alves de Faria pretende que seu caso seja outro: "Sou um poeta português", ele tem declarado,[10] com a comoção exacerbada de um autoexpatriado, como se fosse possível, sem mais, abdicar da existência e da obra pregressas. Mas nosso poeta nunca foi tão ele mesmo e tão brasileiro como nesses livros, que a ninguém ocorreria ler como se se tratasse de algum poeta português, desde que a leitura fosse um pouco além da superfície.

Basta observar que portugueses, nos poemas desta fase, são a exterioridade do cenário, alguns motivos (mas não os temas) extraídos do cotidiano coimbrão ou lisboeta, ou da tradição literária e histórica de Portugal, algum vocabulário e um ou outro

---

9 Só os dois primeiros foram incluídos na *Trajetória poética*, de 2003; os demais continuam inéditos no Brasil.

10 Como na entrevista concedida a Floriano Martins ("Álvaro Alves de Faria a caminho de Portugal", *Agulha: revista de cultura*, nº 45, maio de 2005. Disponível em: www.revista.agulha.nom.br/ag45faria.htm).

torneio frasal, mais ou menos estereotipado. Vale dizer lusitanismo de forasteiro, de observador de fora, não obstante a empatia, de resto legítima, com o cenário alheio. O aportuguesamento do poeta poderá ser uma verdade emocional ou até existencial, se nos enredarmos na armadilha das suposições, mas não literária: sua dicção, seus ritmos, suas obsessões – os fundamentos de sua linguagem, em suma – continuam a ser os mesmos de sempre. Álvaro de Faria só se tornaria "um poeta português" caso alguém insensatamente admitisse, por exemplo, que o apego a Andaluzia ou a Sevilha, ao *flamenco* ou às touradas tivessem convertido o pernambucano João Cabral em poeta espanhol. A idéia do auto-expatriamento vale como gesto teatral ou como metáfora; tomá-lo ao pé da letra seria acreditar nas declarações do poeta, *à margem dos livros*, sem levar em conta o teor intrínseco desses mesmos livros, que mostram o contrário: é aí que Álvaro de Faria assume a sua plena identidade de poeta brasileiro.

Metafórica, também, é a declaração ainda mais exacerbada ("Sou um ex-poeta"), posta a circular por ocasião de seu último livro, *Babel*, que reúne poemas de extensão e feitio variados, na forma de comentários a determinada peça escultural formada pela "sobreposição de cabeças de diferentes personagens", numa espécie de "colagem tridimensional", como informa uma das dobras de capa da edição.[11] O poeta vê nas cabeças empilhadas pelo escultor... cabeças decepadas de poetas, centenas deles, de todas as épo-

---

11 *Babel: 50 poemas inspirados na escultura Torre de Babel*, de Valdir Rocha, São Paulo, Escrituras, 2007.

cas, de todos os quadrantes, de todas as tendências e envergaduras, todos nominalmente mencionados. A fogosidade da semi-alucinação não poderia levar a outro desfecho: "Todos os poetas morreram" (p. 73). Na abertura da série, o poeta informa: "Houve um tempo / em que eu escrevia poemas" (p. 8); como esse tempo ainda perdura, pelo menos até o final da coletânea, mais adiante a afirmação é atenuada: "Sou um poeta em via de extinção / daqueles que acreditavam no sonho / sobretudo na poesia" (p. 86). E como entre os poetas mortos incluem-se, em grande número, os ainda vivos, ou que se acreditam vivos, a conclusão é uma só: a poesia é que morreu.

Mas o leitor habituado à passionalidade, por vezes irrefletida e extremista, que caracteriza nosso poeta, saberá que é preciso trocar os sinais de quase todas essas afirmações peremptórias, tão mais peremptórias quando menos plausíveis: antes que o destino lhe roube os bens mais preciosos (ser poeta, ser brasileiro, o sonho, a poesia), ele próprio se incumbe de dá-los por extintos: "Sou um poeta português", "A poesia morreu", "Sou um ex-poeta". Por isso já não surpreenderá, quase ao final da coletânea, a ressalva: "Quando morreu a Poesia / fazia uma tarde de Outono no Brasil / e Primavera em Portugal" (p. 87). Ao que parece, Portugal salvou-se da hecatombe. Mas qual Portugal? Já sabemos: o mesmo de *A memória do pai* e dos outros livros havidos e publicados em Coimbra. Mas antes de voltarmos a eles, detenhamos a atenção num pequeno volume, intitulado *Terminal*, que teve duas edições, no Brasil, ambas em 1999.

Aparentemente é uma espécie de "recaída" na angústia anterior e na antiga obsessão pela morte, numa demonstração de que a crise da subjetividade, conforme esboçada páginas atrás, não estava inteiramente resolvida. A retomada funciona como pausa ou "interregno" no processo de recuperação das raízes lusitanas, vale dizer as raízes profundas do poeta. Cabe assinalar, neste passo, que o livro de estréia, *Noturno maior*, foi de fato premonitório: a coletânea de juventude registra o firme compromisso do poeta com a Noite e seus derivados, compromisso que vem sendo cumprido ao longo de uma trajetória, hoje, de mais de quatro décadas. Por muito tempo, a morte e o horror de viver se estamparam, opressivos, como verdadeira obsessão, em versos impregnados de invariável amargura, até que o ciclo aberto por *Motivos alheios* desse a impressão de que a fase estava superada. *Terminal*, no entanto, repõe a mesma equação, mas para confirmar a suspeita antiga: o horror de viver, afinal, é só a imagem invertida da vontade de viver que anima, desde sempre, a poesia de Álvaro Alves de Faria. Não se surpreenda o leitor com o inusitado consórcio: horror de viver, vontade de viver. O que temos aí são fluxos alternados, que se retroalimentam sem cessar, qual uróboro mordendo a própria cauda. Os poemas de *Terminal*, na sua límpida expressividade, quase todos breves e cortantes, o confirmam:

> Enquanto não dou um fim a tudo,
> me submeto à próxima
> vontade de existir,
> como se tudo fosse normal (TP: 159).

Para o poeta, a Noite sem dúvida é matriz de metáforas e principalmente imagens ousadas, de forte intensidade plástica, mas isso não é mero expediente retórico ou fim em si: é a representação direta da "brutalidade cotidiana", a absurda desumanização que o poeta apreende, quer no contato com o Outro, quer no mergulho em si mesmo. A insistência obsessiva nesse tema revela, indisfarçável, seu inconformismo, a revolta exaltada de quem só por sarcasmo afirma que é "como se tudo fosse normal", mas não abre mão de sonhar com um destino melhor – não em qualquer inatingível Além, o que seria mero evasionismo, mas aqui mesmo, em meio à miséria e também à inexcedível magia do cotidiano. Numa palavra, a morbidez do poeta aposta (paradoxo, sempre) não na morte, mas na vida. É só reparar no sopro de contida, disfarçada esperança (a ironia das aliterações e de outros jogos verbais a funcionar como disfarce), que percorre, timidamente, desabafos como este:

> Tece o medo
> nessa flanela de anseio,
> tua morte
> nesse pano escurecido.
> Tece o tecido da tua tez,
> teu corpo cerzido
> entre a linha do pavor
> e do porvir.
>
> Tece o dia sem retorno,
> tua plástica, tua geografia,
> tua solidão sem cidade,
> tua pátria mais íntima
> que se aglomera
> no esmero do desvalido.
> Tece o torso do teu riso,

no raso rio de teus receios,
a espera áspera
de tua espada (TP: 137-138).

O próprio título da coletânea se revela, então, claramente irônico. Na verdade, nada *terminou*, nada chegou ao ponto sem retorno; todo *término* é sempre um recomeço. Não se deixe o leitor levar pela aparente soturnidade nem pela figuração da morbidez: o poeta insiste na morte para valorizar a vida, pondo a circular o pungente lirismo que se esconde nas malhas do dia-a-dia e que o poema desvela, sob o disfarce do sofrimento sem remédio de existir, mas existir para isso mesmo, para fazer jus à vida:

Das chuvas nada guardo
senão o idílio comovente das plantas,
senão a tímida forma das folhas nítidas (TP: 142).

Aí está: idílio, comoção, nitidez. Se nada mais restasse, isto, só, bastaria para atribuir sentido à vida, que é a única maneira de fazer frente à morte. Que somos nós, parece perguntar o poeta, senão "aves que migram / para lugar nenhum."? Somos isso mesmo, *aves que migram*, vale dizer que anseiam e procuram, incansáveis. E o lugar para onde leva ou pode levar a migração é o que menos importa. O que importa, sim, é a insistência em seguir migrando, ainda que seja esse tatear um pouco às cegas; uma migração, enfim, que desata as amarras da maravilha retida na "brutalidade cotidiana", para transfigurá-la, na sedição do poema.

Isso posto, podemos voltar a atenção para a marca mais característica do ciclo recente, esse que parece provir da descoberta das raízes lusitanas – como lemos, por exemplo, na coletânea intitulada, sem disfarce, *Poemas portugueses*. O que vimos em *A memória do pai* já seria suficiente para esclarecer o aparente paradoxo de um Álvaro Alves de Faria "poeta português". Mas acrescentemos que nas demais coletâneas "estrangeiras" é notável a fidelidade do autor às matrizes de que proveio, desde que se entenda o seu ensimesmamento atual, em geral pungente e grave, como a mais recente das metamorfoses por que vem passando a indignação de origem. (Não nos esqueçamos de que *O sermão do viaduto*, marco fundamental na trajetória que vimos delineando, deve muito de seu impacto e de sua condição de momento-de-crise, ao profundo sentimento de indignação que o anima.) São mais de quatro décadas de insistência na revolta, na passionalidade e na exacerbação emocional, isto é, em determinado *modo de reagir*, imposto pelas circunstâncias e pelo temperamento, que acabou por se transformar em *modo de ser*. Ora, o móvel básico dessa transformação é o permanente jogo pendular, que ora leva o poeta a apegar-se aos acontecimentos, em seu afã de participação, ora leva-o a ensaiar fundos mergulhos na subjetividade, em compasso de auto-isolamento. Vasos comunicantes, tais aspirações se cruzam e por vezes se confundem, mas deixam claro o sentimento de incompatibilidade entre o estar-no-mundo e a plena posse de si mesmo – falso sentimento, como vimos, já na altura de *O sermão do viaduto*.

O travo de desolação que ressuma dessa poesia parece brotar de tal jogo, vale dizer do fato – para o poeta, inarredável – de que a realização de uma dessas aspirações necessariamente inviabilizaria a outra. Jogo pendular, oposição de contrários, tudo aí denuncia um inconfessado desejo de síntese, desde sempre tomado como utópico, mas paradoxalmente concretizado, ou ao menos esboçado, nesses poemas ditos "portugueses". Poemas estrangeiros, aceitemos, porque gerados por uma consciência deslocada dos cenários e circunstâncias que lhe são mais familiares: a casa, a rua, as pessoas, a cidade de São Paulo, onde nasceu e sempre viveu... O poeta, no entanto, se nos ativermos à poesia produzida a partir daí, deixando de lado suas declarações paralelas, parece aceitar com naturalidade esse inesperado despaisamento. Perdido de si, Álvaro de Faria deixa-se docilmente impregnar de outras circunstâncias e cenários, isto é, o mundo alheio, o mundo do Outro-outro e não do Outro como alter ego, mero prolongamento do Eu. O resultado é o involuntário e pleno encontro de si mesmo, um encontro análogo à descoberta daquela "verdade" que Alberto Caeiro, só porque não se empenhou em achá-la, achou.

    A experiência da autodescoberta, vivida no bojo desses poemas estrangeiros, radica em dois empenhos obsessivos. Um deles é o motivo do olhar deambulatório, já nosso conhecido, expresso na insistência em vocábulos como "passos", "sapatos", "caminho", "caminhar", "andar", "rua" e afins. Despaisado, vale dizer solto, livre e desprevenido, o poeta passeia nos arredores estrangeiros a sua curiosidade inquieta (ele o reconhece: "em busca não sei de quê"), apto portanto a achar, e a achar-se, em sentido pleno, já que não se sente mais condenado a tropeçar continuamente nos fantasmas que, dentro e fora, desde sempre o atormentam: "Nesta rua ando como navegador / e não sei que caminho tomar". O segundo empenho, já agora no plano das formas e da articulação propriamente literária, é o recurso constante aos expedientes repetitivos: palavras, frases, impressões que vibram por um momento fugaz, mas teimam em permanecer, desdobrando-se em ecos que se alastram, na memória ou na alma, enquanto o olhar voltado para fora prossegue no mesmo esforço deambulatório, pelas "ruas de histórias que calam no fundo da boca".

Em terra alheia, enfim, o indivíduo se depara com o que nunca sonhara encontrar senão em sua própria terra: alguma paz, alguma serenidade – que não vêm de fora, que não estão aí fora, como talvez pareça, mas representam apenas a metamorfose extrema e paradoxal da angústia e do autodilaceramento que acompanham toda a trajetória do poeta, agora centrado nos veios mais fundos de sua personalidade. Bem por isso, "exilado" em Coimbra ou em Lisboa, em Trás-os-Montes ou no Alentejo, nosso poeta nunca chegaria a lamentar, como Gonçalves Dias: "As aves que aqui gorjeiam / não gorjeiam como lá"; nem tampouco a exclamar, como outro Álvaro, famoso: "Estrangeiro aqui, como em toda a parte". Seus poemas "portugueses" acabaram por lhe propiciar, em terra estranha, o encontro de sua mais secreta intimidade.

O fato é que as coletâneas recentes realizam, mais do que as anteriores, uma das prerrogativas essenciais da linguagem poética, qual seja a mágica transfiguração da realidade cotidiana, sem o quê, esta seria mera "brutalidade". Para além dessas características, e não por acaso, destaca-se nesta fase a surpreendente, embora parcial, adesão do poeta às formas fixas, o que inclui até mesmo a mais tradicional dessas formas, o soneto – como o que segue, nada ortodoxo, mas de qualquer modo um soneto, camonianamente inspirado naquela que "depois de morta foi rainha", a Inês de Castro que é figura central de um dos livros mais recentes:

> Porque calais em mim tamanho pranto,
> deixo que morra aqui vosso destino,
> marca-me o ferimento em vosso espanto,
> o que me aguarda em vós, por desatino.
>
> Já saberei, Inês, em vosso encanto,
> o que da vida a fúria que previno
> ao vos guardar em mim, mas sei, no entanto,
> que esta dor vai além do que imagino.
>
> Morta em silêncio, Inês, assim perdida,
> vós rainha que sois no encantamento
> que sempre tive em mim por vossa vida.
>
> Em vossa morte, Inês, em desencanto,
> a voz que some e grita meu lamento
> na dor que guardo agora como um manto.[12]

---

12 *Inês*, Coimbra, Palimage, 2007, p. 14.

Formas fixas? Versos metrificados e rimados? Quadras, dísticos e até sonetos? O fato surpreende, no caso, pois contraria a crença máxima, até então assumida pelo poeta: o direito à plena liberdade de criação, vale dizer a recusa em se submeter a qualquer espécie de regra ou norma que limite ou condicione o ato criador, quer se trate de temas, motivos ou intenções; quer se trate do recorte dos versos, do formato das estrofes ou do esquema de rimas. Digamos que o verso livre, até essa altura praticado por Álvaro de Faria, vinha carregado de forte sentido simbólico: de um lado, a expressão de um *temperamento rebelde*; de outro, a representação metafórica da *desordem do mundo* – ambos incompatíveis com o espartilho de versos rimados e metrificados, e de estrofes bem medidas. Tal simbologia radica numa concepção primariamente realista de poesia, isto é, uma concepção segundo a qual a constituição do temperamento do poeta e a estrutura intrínseca da desordem do mundo condicionariam a estrutura do poema – que assim apenas reproduziria, realisticamente, aquela constituição e aquela estrutura, somadas. Ao longo da trajetória, porém, o poeta vai-se aproximando (ao que tudo indica, despremeditadamente) de uma concepção poética menos realista, não obstante impregnada do forte "realismo" da vida concreta e da banalidade do cotidiano, como vimos.

O que temos agora, ao que parece, é uma concepção segundo a qual a estrutura do poema já não se limita a reproduzir ou a espelhar estruturas preexistentes, mas se realiza como forma única e exclusiva, na medida do *engenho* e não dos *instintos* do poeta. No caso, então, as formas fixas, pelo que implicam de autodisciplina, sugerem o secreto desejo de pelo menos atenuar, ao mesmo tempo, a impetuosa tirania do temperamento rebelde e a desoladora irrisão do mundo em desordem, impondo-lhes, discretamente, algum senso de ordem e medida. Neste terceiro ciclo de sua trajetória, o poeta parece encontrar-se a meio caminho entre o sentimento romântico, que até então se julgara exclusivo, e o espírito clássico, recém-cortejado; ou entre a opacidade do realismo visionário e a transparência do símbolo.

5

Marcel Raymond, o crítico e historiador francês, assegura que na genealogia da poesia moderna não há senão duas grandes linhagens, ambas entroncadas em Baudelaire: a dos *voyants*, os videntes ou visionários, cuja matriz seria Rimbaud; e a dos *artistes* – os artesãos ou artífices, cujo modelo seria Mallarmé.[13] Mas não nos deixemos iludir pelo esquematismo da classificação, já que nenhum poeta, nem sequer o da matriz ou o do modelo mencionados, poderia ser enquadrado exclusivamente em uma só dessas linhagens. Trata-se de tendências, que constituem vasos comunicantes e não compartimentos fechados. No caso presente, no entanto, parece que o poeta de *Motivos alheios* se filia, com naturalidade, e de bom grado,

---

13 M. Raymond, *De Baudelaire au surréalisme*, Paris, José Corti, 1966, p. 11-46 *et passim*.

à família dos "visionários" e não à dos "artífices", embora esta última, sobretudo no ciclo atual, não lhe seja totalmente estranha.

Ao longo do trajeto que vai de *Noturno maior* ao recente *Babel*, o poeta não tem sido capaz de esconder o receio de que tanto amor pela vida, acompanhado de tanta imaginação e tanto despudor, pode sufocar... Tudo isso resulta em confirmar que, no caso, a poesia não é um acidente de percurso, mero registro biográfico; não é uma atividade a que o autor se dedique apenas eventualmente: Álvaro Alves de Faria é visceralmente poeta, criador de uma ponderável obra lírica, das mais representativas da sua geração, na qual figuram com destaque, além dos nomes mencionados antes, poetas como Roberto Piva, Bruno Tolentino, Rubens Rodrigues Torres Filho, Carlos Nejar, Armindo Trevisan, Ruy Espinheira Filho, João de Jesus Paes Loureiro e tantos outros. Além do mais, é um poeta que continua em plena atividade, no apogeu de sua capacidade criadora: não há como adivinhar o que essa obra em curso nos reserva daqui por diante, nem como definir quanto de transitório e quanto de permanente restará da etapa até agora cumprida.

Carlos Felipe Moisés

POEMAS

BABEL

São Paulo, 2007*

POEMA 3

Houve um tempo
em que eu escrevia poemas
e era chamado de poeta por 19 amigos.
Depois fui ser mais prático
e hoje sou farmacêutico
numa cidade do interior de mim
onde todos os fantasmas se conhecem.
Tenho a poesia
num pequeno frasco vazio de perfume
numa prateleira
escondido atrás de um livro de Geografia.
Neste instante da madrugada
as cabeças olham com olhos mortos
como a Literatura
as cabeças estão mortas
não há palavra capaz de dar-lhes alma
nem poema capaz
de dizê-las como são.

---

* As datas abaixo dos títulos das seções são as da primeira edição de cada livro; o sinal de asterisco (*) indica o início dos poemas sem título.

As cabeças no bronze da memória
uma página escrita com sílabas mortas.

Há a sombra a percorrer
aflito desejo a sentir
o ar da manhã entre aves antigas
móveis junto à porta
onde dormem as palavras.

POEMA 14

A literatura é um lixo caro
aos que sabem ainda pensar e sentir
como um ferimento a faca a tiro
desses que matam no instante
em que viver
é muito mais que um exercício de palavras.

Não vale a pena perseguir
a frase perdida na poesia que não há
já basta a violência de todos os dias contra a
[palavra
essa faca aguda nas mãos dos criminosos
que ferem de morte o poema.

Afinal para que serve a poesia
para que serve o poema
para que serve o poeta?

Eu por mim vou-me
em busca das mulheres tristes de São Paulo
beber com elas o veneno brutal das horas

e deixar mais fundo o punhal
calado no coração.

Eu por mim saio a 190 por hora
pela 23 de Maio com meu MRX
e deixo de viver perto do Aeroporto de Congonhas
de onde partem meus aviões imaginários
que me levam para lugar nenhum.

Eu por mim partirei com um barco de papel
a sair do Tejo onde Lisboa se deixa
entre a luz e seus telhados vermelhos
janelas de olhos perenes a atravessar
a poesia no barco
esquecido no fundo da reminiscência.

Eu por mim
daria um ponto final a tudo
neste exato instante
sábado 23 horas e 43 minutos
como se nada tivesse existido.

POEMA 17

Quando se desfaz a poesia
também se desfaz a palavra
também se desfaz o poema.

Desfeita a poesia
nada mais há por esperar
desfeita a palavra
nada há mais por sentir

desfeito o poema
é o começo de tudo.

VISÃO ALUCINATÓRIA 8

Pessoa caminha à beira do rio
à procura de um Café para escrever uma carta
talvez um poema não se sabe agora
tão funda noite nas colinas
entre os rebanhos de Caeiro
os poemas de Álvaro de Campos
Ricardo Reis no terraço de uma casa
dessas em que Lisboa
desponta às torres das igrejas.

Minha pátria é a Língua Portuguesa.

Por fim Camões a tecer poemas
desses que traduzem a vida
mais que o tempo lírico de viver
mais que o tempo lírico de morrer
mais que o tempo lírico de existir.

Por fim Camões
na poesia pouca de tudo
esse descobrir a alma
e no próprio descobrimento
deixar-se esquecido
no mesmo esquecimento.

Por fim
e para sempre Camões
minha jura do poeta que não sou

na palavra que não tenho
na prece que não sei dizer.

[...]

os poetas todos morreram
os poetas todos morreram
os poetas vivos
não são poetas
os poetas vivos
não são poetas

[...]

os poetas todos morreram todos os poemas
os poetas todos morreram todos os poemas
os poemas todos morreram todos os poetas
os poemas todos morreram todos os poetas

[...]

morreram todos os poemas todos os poetas
morreram todos os poetas todos os poemas

O que ainda há
para ser escrito?

Em Leopoldina
Minas Gerais
dois pombos adormecem
na laje da sepultura
de Augusto dos Anjos
único poeta universal do Brasil.

Eu vejo então que é setembro
como se isso
pudesse modificar a ordem das coisas.

POEMA 30

Sou um poeta em via de extinção
daqueles que acreditavam no sonho
sobretudo na poesia.

Daqueles que utilizavam as palavras para escrever
e nesse exercício solitário deixavam que a vida
[escorresse no poema.

Sou um poeta em extinção
ridículo como uma carta de amor
tipo que se emotiva à toa
a qualquer pretexto para sentir-se só.

Daqueles que de alguma maneira
passeavam com animais imaginários
e guardavam uma ovelha no quarto.

Daqueles que às manhãs acreditavam num novo
[dia
e aguardavam a tarde chegar conversando com
[as formigas.

Daqueles poetas que não existem mais
porque a poesia mudou
e se antes vivia nas sombras
era sua descoberta que importava.

A poesia pertencia à vida do homem
dos bichos das plantas e das pedras
mas hoje isso é sonhar demais.

Tanto sonho não cabe mais na cabeça de um poeta
só nos que estão em via de extinção
daqueles que iam à igreja para esconder-se do
[mundo
sem saber que a igreja é o esconderijo de Deus.

Nas madrugadas era possível falar-se sozinho
mas hoje a boca se fecha inerte
ao passar das horas paradas nos relógios.

Sou daqueles poetas que já morreram
pedindo pela liberdade
quase sempre ferida a golpes perversos
da força e da crueldade.

De tal forma
que não há mais lugar para poetas assim
senão o resto da sina
não de seguir
mas de parar nas esquinas
sem perceber os sobressaltos.

POEMA 33

A poesia toda
devia ser apenas
um haicai.

Toda a poesia
não devia ter palavras.

Cada poema
é mais uma batalha perdida.

INÊS

Coimbra, 2007

Por vós me calo nesta hora
em vossa morte:
ainda sois bela, Inês,
e ao vos deixar partir em Coimbra,
deixo também o que por amor
me mata a vida.

Deixo que se calem as aves
que a tarde não há mais, Inês,
aceno de mãos feridas que guardastes
a segurar a face na palavra contida à boca,
golpe fatal em vosso espanto,
o corpo imóvel na terra
em que também permaneço,
tão funda ferida que vos tira de mim.

Por vós morreram os dias, Inês,
os que nasciam junto às janelas,
a morte que me apavora
porque não morro convosco
como devia morrer ao vosso lado.

Tenho por sina viver
o que me resta de vosso amor,
a cada instante lembrar
dos cortes cruéis em vosso peito,
destino que não foi traçado
em vossa morte por mim desfeito.

*

Arde-me na boca este grito inclemente
a levar minha alma para o inferno
e no espanto de todos os dias
fazer da morte a sina preferida,
que nada há para colocar em seu lugar,
senão o gosto desta dor que mata,
mas faz sobreviver os dias derradeiros
na lâmina que corta a clemência,
essa raiz enlaçada na vida
que não tivestes, Inês,
morta rainha em sua própria sentença.

*

Guardai, Inês, a brancura das manhãs
e esse verde calmo das árvores,
acendei a chama que vos marca
e calai as aves e as palavras mais ternas,
as que tínheis em vós no vosso leito,
para então adormecer as igrejas
e fazer nascer as plantas em vossa volta,

como se fosse assim aguardar chegar o dia
ao toque quieto de um sino
que se deixa esquecer.

*

Não amanhece, Inês, deste lado do Mondego,
onde dorme Coimbra em seu mosteiro,
esta relva de orvalho molhada pela manhã,
assim como se me fosse procurar por vós
onde me perco sempre,
como se possível fosse encontrar
o que nunca se encontra,
um beijo numa bolsa a se despedir da vida,
um lábio calado em murmúrio,
uma frase de amor na palavra fenecida.

*

Porque se eterniza em vós o sol dos dias,
porque as mulheres se calam nas noites
e porque em vossa face se faz a sombra da manhã,
rasgo meu coração e corto em pedaços
o que tinha e que agora não tenho mais,
as águas do Mondego,

rio a correr por vosso gesto,
as margens das distâncias
que vos separam de mim.

Por minha súplica, Inês, calai a tarde,
que não me resta amar a vida,
se por vós tudo que eu tinha
transformado foi na cerimónia de morrer,
e enquanto viver me seja dado lembrar-vos
a colher as flores debaixo das árvores,
o colo em que me deixo ainda por serdes vós
a mulher que me isenta de todos os silêncios
e que ao abrir os braços calava em mim
o que tenho por desgosto.

Não sejais, Inês,
nessa morte em que vos vejo,
a brancura da face que me assusta
e me faz entrar no fundo de mim,
onde me guardo perdido
para vos chamar pelas ruas,
aldeias agora desertas
em que permaneceis, mas não estais.

Assim haverá de ser a vida, Inês,
porque da terra que vos sepulta
tiro o pranto das mãos inertes,
o olhar que Deus desconhece,
a morte que atravessa o tempo,
a face que o infortúnio tece.

*

Estais bela, Inês, a correr os campos,
já que a terra aos poucos vos consome,
a derradeira palavra que não tenho
para vos saudar todas as manhãs,

como se a mim me saudasse,
como se em vós me deixasse ficar,
a ir convosco calar presságios.

Estais bela, senhora da minha morte,
que também morro neste instante
por não saber mais fugir do que me aflige,
para levar-vos comigo ao templo da minha existência,
como se assim pudesse em mim renascer o que morre,
o aceno aflito diante das espadas.

Não bastaram as palavras de clemência
diante de algozes que arrancaram de vós
o que floria sempre no branco da pele.
Não mais estareis, Inês, sentada à minha mesa,
na sala em que vos aguardarei sempre chegar,
como se fosse assim abrir uma porta
no silêncio quieto do que amais.

Na vossa morte haverei de viver o meu martírio,
em tal atroz desgosto que temo por minha ruína,
haverei, no entanto, de suportar o que me resta da
[vida,
já que sem vos sentir respirar em mim
de nada me valerá o tempo a passar em vossa espera,
o gesto que estendeis para aguardar-me,
príncipe a cair nos abismos em minha volta.

*

Doem em mim os ventos de Portugal,
como espadas a me cortar por dentro,

dói-me a ira de me ver diante de vós
que já não estais senão na morte de tudo,
dói-me sair de mim em vossa busca
e saber-me aflito sem ter onde chegar.

Resta-me o grito que percorre os campos
e se deixa entre as árvores e as avencas,
como se de repente saltasse de mim como um cavalo
por um abismo que não termina,
tamanha a chaga contida no meu peito,
o coração que clama e que em mim se desfaz.

Diante de vós me calo, Inês,
que a morte é o sobressalto que me escapa,
desses para os quais não há remédio,
em vós me sepulto também com minhas dores,
no olhar que perene me torne à vida,
o coração que bate em mim os meus horrores.

Cala-me, Inês, o que não se esquece,
ferem-me cada vez mais meus desenganos,
a face que vos guardo no sentimento,
o sangue que escorre ainda em vossa pele,
a vida que tenho agora no esquecimento.

A MEMÓRIA DO PAI

Coimbra, 2006

Meu pai
nunca soube
que eu morri.

Levantava-se às manhãs
e ia à terra e às ovelhas
e ao passar
pelo meu quarto
pensava-me a dormir.

À noite voltava
com as mãos cheias
de castanhas
e ao ver-me ausente
imaginava-me a navegar
oceanos distantes.

Jamais nos encontramos
nos cômodos da casa.

Meu pai
nunca soube
que eu morri.

*

Reminiscente aquele gesto
de deixar-me ficar entre as plantas.

Era como se fosse a vida a calar pressentimentos
no vão escuro entre os alpendres.

Era dos sapatos antigos aquele rumo de ruas incertas
onde encontrava as primeiras palavras
sem saber o que viria depois
quando tudo já fosse de silêncio
no corte das facas
e nas frutas derradeiras.

Então foi o caminhar distante
depois que do espelho saltou a imagem
do paletó perdido nos ombros invisíveis.

Agora não me sei a colher os dias nos calendários
a janela aberta para o campo
como se nada tivesse havido
como se ainda tudo estivesse por ser.

*

Na figura desse pastor a olhar a tarde
vejo meu pai.

Nada sei dele que esteja guardado
apenas algumas palavras num poema
dessas que povoam o tempo
em nada transformado.

Sempre ao anoitecer chegam-me estas imagens
como um imenso rio a correr atrás da casa.

Nessas águas
sinto essa figura que tenho nas fotografias
algum rosto apagado nas dobras do papel
aquele gesto lento
na imagem clara do dia.

Na figura desse homem
que à minha frente afaga uma ovelha
e que ao pressentir a tarde canta

nesse pastor que olha o verde das montanhas
e caminha devagar a falar sozinho

na figura desse homem
a andar nas planícies de Portugal
vejo meu pai
pastor a caminhar no campo
a decifrar nos dias
as noites por viver.

*

Quando fechei os olhos de meu pai
pensei nele no invólucro de seu corpo

como se estivesse a voltar
na vida que à minha frente findara.

As pálpebras claras e quietas
fecharam-se
como se estivesse eu a fechar
a janela de uma casa.

Quando fechei os olhos de meu pai
numa tarde de maio e de Outono
voltei com ele a Portugal
como se houvesse de ser assim
ele a voltar em si
para as ruas que lhe ensinaram viver
e que em mim calaram para sempre.

Vi então os barcos impossíveis nos oceanos
como se fosse exatamente assim
calar as aves das manhãs.

Quando fechei os olhos de meu pai
eu não sabia que também fechava
o que havia de música e de poesia
a descobrir o mundo
nessa alma invisível
que eu não soube guardar.

*

Não sei dizer, pai, dessa alegria
com que me falas

nem sentir sei o desejo de viver
que tens em ti.

Sei apenas da melancolia
com que te calas
a sentir em mim
o que de mim nunca senti.

*

Nesse pomar entre as pedras do chão
vive a memória quase esquecida
como se esquecer fosse a sina das pessoas.

Vivem nessa terra raízes antigas como os oceanos
navios que partem sempre como a decorar uma sala.

Vivem os pés de uva nas mãos de mulheres a cantar
e a colher nessa música
os apelos quando a tarde deixa de ser.

Então descobre-se um porto ausente
tantos destinos nas escamas dos peixes
a cesta posta com as frutas que caem das árvores.

Desse pomar entre as pedras do chão
colhe-se um beijo esquecido na face
copo derramado na planície da mesa
antiga memória de não ser mais.

*

O castigo que me imponho
me faz aos poucos morrer
proíbe-me lembrar de um sonho
eu que não os consigo mais ter.

O que me imponho por sina
a viver este castigo
é saber que a mim se destina
não mais encontrar-me comigo.

O castigo de não ter-me sido
o que não fui a próprio dano
a vida sem ter nunca vivido
que só morri por meu engano.

O castigo de não me ser
a olhar-me no rosto mais velho
como se ainda estivesse a viver
minha imagem guardada no espelho.

*

Pouco sei desta memória
das vidas que desconheço
nem me sei voltar em mim
neste tempo em que padeço

a misturar todas as coisas
no que se mostra do avesso

nada sei do que me faço
nem da dor sei o começo

nunca vou onde me quero
nem me faço o que me peço

espero que chegue o dia
nesta noite em que me esqueço

minha palavra que morre
no silêncio mais espesso

vivo de mim a fugir
onde sempre permaneço

para dentro deste mar
onde em sonho me arremesso

de meu quarto sempre parto
a esperar por meu regresso

se viver é meu desejo
de morrer não me impeço

pouco sei desta memória
das vidas que em mim pereço
tantas mortes que perdidas
têm em mim seu endereço

os navios que partem breves
no oceano que escureço

este frio em minha pele
nesta blusa que não teço

quando vou ao meu encontro
mais em mim desapareço

ao fazer o meu discurso
as palavras emudeço

às vezes entro num parque
e ao ser feliz me entristeço

quanto mais me quero vivo
dentro de mim adoeço

não percorro meu jardim
pelas flores que feneço

vivo por mim a rezar
na descrença de meu terço

não olhar dentro de mim
é assim que me conheço

faço tudo em meu contrário
nesta escada que não desço

tiro o chapéu às pessoas
mas no gesto me despeço

só me vejo em minha ausência
encontrar-me não mereço

quando a andar evito as pedras
muito mais em mim tropeço

nada sei desta memória
no entanto resplandeço

assim se faz o poema
na medida que não meço

sei-me inútil na poesia
na palavra que adormeço

quanto mais explico o verso
quase nada esclareço

e quando me torno bárbaro
na verdade me enterneço

preciso dos meus cuidados
mas em mim me desguarneço

sei que a dor me mata aos poucos
mas com ela me envaideço

brilha-me o sol à janela
mas só a treva enalteço

no espelho em que me vejo
nada em mim me reconheço

falam-me os provérbios sábios
mas com eles ensurdeço

quando penso em nascer
sinto mais que envelheço

e quando me penso lúcido
muito mais me enlouqueço

quanto mais chega a manhã
mais em sombras anoiteço

quanto mais me desfiguro
mais comigo me pareço.

*

Quando se põe o sol no meu quintal
vejo meu pai a mexer nas plantas
com tal cuidado
que ao leve toque nas folhas
pede-lhes desculpas por talvez feri-las
assim com mãos inesperadas.

Depois o sol se perde na terra
com tal silêncio
que me é possível
compreender que o dia chegou ao fim
de tal maneira definitiva
como se eu nunca houvesse notado.
Salta-me então aos olhos
um rio imenso a nascer junto às plantas
a formar oceanos
com portos de partir
como nunca ninguém viu

nesse aceno de ir embora
sem perceber.

*

Também queria recordar, pai,
uma canção que esqueci no meu passado
que me falava não sei mais o quê
perdido que está em mim
esse verso inacabado
do poema nunca escrito
que me é sempre lembrado.

*

Poucas palavras me restam
neste inútil vocabulário:

Portugal está distante, pai,
como as gaivotas de que falavas
tão distantes como a vida
que por certo não viveste.

Mas sonhaste esse sonho
de ser sempre o que espera
a viver no frio das noites
o chegar da Primavera.

As palavras são inúteis, pai,
porque não cabem no sentimento
assim como o poema que morre
no seu próprio nascimento.

*

Queria apenas
reconstruir o mar
e a seguir
deixar-me morrer.

Fecho à janela
minha face
e pela última vez
deixo no espelho
o rosto
meu único disfarce.

SETE ANOS DE PASTOR

Coimbra, 2005

DECISÃO

Deixei de falar
e pensar
não penso mais.

Deixei de escrever
também
deixei de ouvir.

Para mim
as palavras
morreram
definitivamente.

No entanto
conservo o olhar
e permaneço
diante do oceano
a me observar
partindo de mim

todos os dias
não sei exatamente
para onde.

Sempre que volto
trago pérolas
que devolvo
imediatamente ao mar.

Quando anoitece
adormeço
para a vida
e então
me deixo esquecer
sem respirar.

FLAUTISTA

Para Zuleika dos Reis, amiga.

Só fui ser poeta aos 60 anos
quando todos os poemas
já estavam escritos
e poesia não havia mais.

Tocador de flauta
sopro árias inúteis
dos que não sabem tocar.

Toco também sinos nas igrejas
mas só em dias póstumos
ou em casamentos desfeitos.

Aos 60 anos as imagens são outras
e também desnecessárias
como a flauta
como a música.

Só fui ser poeta aos 60 anos
quando eu já não sabia viver
como se fosse preciso viver
para ser poeta.

Então descobri o mar
mas era tarde.

Sempre me disseram
que poesia é sacerdócio
por isso andei sempre
com uma extrema-unção no bolso.

Só fui ser poeta
quando não tinha mais tempo
e me faltava o ar
quando
todos meus barcos de papel
já tinham afundado.

Só fui ser poeta
quando todas as rimas
rimaram palavras e poemas
mulheres e plantas
aves e ausências.

Antes eu somente
andava perdido
entre poemas e lugares
preces e acenos.

Antes não existiam os sons
que agora ouço
entre o esquecimento
e o que nunca foi.

No entanto toco minha flauta
para preencher as tardes
e trazer as aves
para mais perto de mim.

Descubro agora que os oceanos
são claros como as manhãs
e só agora compreendo
a cor do Outono.

Antes eu não me tinha
como me tenho agora
a bater à porta de uma casa
de janelas azuis.

Não sei se terei tempo
de tecer ainda os mesmos
poemas já escritos
de procurar a mesma poesia
que se perdeu nos chapéus
reminiscentes das pessoas.

Sou agora uma pessoa antiga
talvez tenha os olhos de meu pai
aqueles que se fecharam
na brancura das paredes.

Agora tenho comigo uma bolsa
de pequenas pedras
e algumas chuvas do final das tardes.

Os animais me seguem nesta planície
como se eu fosse um pastor sem volta
a percorrer montanhas nas fotografias.

É possível ver melhor agora
o fim das coisas
que também antes terminavam
mas eu não via.

Há um navio na minha porta
oceano que se abre ao mundo
numa viagem em torno de mim.

Só fui ser poeta aos 60 anos.

Sei agora o que significa a poesia
por isso tenho no rosto o espanto
e na boca
as palavras que não sei dizer.

POEMA

Que me sinta assim morrer antes da Primavera
como se a querer sentir o que não sinto
como se a sentir o que não tenho e o que não me dera
a dizer da verdade o que de certo apenas minto.

DESTINO

Para Gema Galasso, amiga.

Pois que nesse infinito o mar se fez na face
tormenta de cortes de embarcações perdidas
a nau ao longo das águas a bater rochedos
náufrago que sou à deriva de mim.

Não fora este o pensamento que anoitece
entre as pedras do fundo do espelho
fonte sem luz a emergir temporais
no tecido deste destino de navegar sempre.

E assim a navegar sempre ao encontro do nada
ali onde se deixa o gesto invisível do dia
onde as folhas secam na clemência do tempo.

Pois aqui se faz a sorte de ser pescador de sonhos
como se me fora dado sentir distâncias
onde não me vejo e de mim não me aproximo.

NO INÍCIO DA NOITE

Para Carlos Gilberto Alves e Laura

Deixou-se no quarto de espanto
estar entre a memória e o esquecimento
deixou-se passar no seu passeio
dentro de seu vaso na sala
onde dormem os receios pelos temporais.

Na alma dessa pedra
vive a afronta dos espelhos
nas folhas das plantas
nos olhos dos insetos.

Vive no cerne da palavra
o poema que salta da boca
e quebra a espera por nascer.

Deixou-se findar entre as cadeiras
como se a procurar por seus dedos
na alma dessa pedra
onde a terra se ocupa das sementes.

Foi assim como esse dia distante
que deixa de existir
e desaparece nos quadros da parede:
morreram em si algumas ausências
costuradas na pele
alguns passos junto à porta
onde colhia estrelas imaginárias.

Depois deixou-se voar para a morte
como voam as aves no início da noite.

SERVO

Sirvo o verso como um servo
sacerdote das tardes que me faço
a colher palavras nesse campo
camponês do poema e do universo.

Sirvo de mim o cálice de vinho
como se numa cerimônia de despedida
e a servir também me sirvo
desse copo a dor que tenho devida.

Servo sou e sirvo o verso solitário
dessa poesia que não sente
o que pensa o servo em seu sacrário.

É se morrer na colheita o seu momento
que não sabe esse poeta que o servo
serve seu último verso do sentimento.

6 ATOS

1. Rei

Estava o rei solitário
a contemplar sua vida

a concluir seu diário
e a morrer sem despedida.

2. Rainha

Estava a rainha alerta
à porta da realeza
a face morta coberta
do que restou da beleza.

3. Príncipe

Ficou o príncipe herdeiro
sem saber o que fazer
e a sonhar o tempo inteiro
também se pôs a morrer.

4. Princesa

A princesa então partiu
perdida na própria sorte
nunca mais ninguém a viu
a procurar pela morte.

5. Reinado

Foi o fim desse reinado
sem príncipe rainha ou rei

sem princesa sem passado
a tantos sonhos velei.

6. Súdito

Sou servo não cavalheiro
sem arma nem armadura
sou o súdito derradeiro
que entre os mortos se mistura.

DOIS SONETOS PARA INÊS DE CASTRO

1.

Trazei o que vos resta linda Inês
o vosso xale nos ombros perdido
trazei o que de vós clama no peito
como se a viver o que não viveis.

Trazei em vós a morte que consome
esse destino de seguir sozinha
o vosso amor que se desfaz na face
e sublime mais cresce em vossa fome.

Trazei esse silêncio em vós contido
como se a colher no fim da vida
o que nunca vos fora prometido.

Esquecei no mais duro esquecimento
o que de vos lembrar já não se pode
o pressentir vosso pressentimento.

2.

Não me venhas Inês colher as plantas
nem me tragas a tarde em tua face
não te sintas Inês no chão que pisas
na fuga a tua vida em desenlace.

Não morras Inês nem cesses o canto
dessa espada que escondes no teu peito
esse ferir a manhã com um corte
esse morrer a noite no teu leito.

Não me venhas Inês em teu soluço
colher a vida que te foge e te consome
entre as flores da morte em tua ausência.

Não venhas mais Inês que já é tarde
na própria dor que te anula e te fere
a clamar da vida tua clemência.

*

Eis-me por vós em duelo
sem conhecer as armas
e saber que somente morrerei.

Eis-me a me pôr pela manhã
entre o vale e o rio
a escolher espadas
para uma luta sem fim
a ver-me a atirar a esmo
para que me acerte fatal
vosso destino.

Eis-me por minha rainha
por ser vosso súdito
apenas a claridade da manhã
que me foge em vossa face
e me faz morrer aos poucos
ave que me faço
a não voar
entre o abismo
e o vôo
de vosso pranto.

Eis-me
a disputar a vida
com o amor em mim ferido
esta capa noturna
a cobrir os navios
das minhas partidas.

Eis-me rainha
de quem me despeço
no derradeiro dia por nascer
como se fosse assim
a vossa sina
me olhar distante
na vida que não pude
na morte que não quis.

*

Pois que assim em vosso seio
saio a semear meu pranto
como se me pudesse dizer que o semeio
a semear em vós o meu espanto.

Pois assim é na claridade de vossa casa
a porta que a bater passo a vida
e se anda em mim a vida que não passa
planto em vós minha dor que está perdida.

Pois é assim esta sina de quem espera
e ao tempo da espera se deixa morrer
no fundo de si como se ali sempre estivera.

Pois é assim em vossa face a amargura
como se em mim estivesse a merecer
este mal que me aflige, que não tem cura.

À NOITE, OS CAVALOS

São Paulo, 2003

HISTÓRIA

Assim como era de seu feitio
plantou a poesia no fundo do quintal
como se assim fosse possível
colher o poema futuro em seu tempo hábil.

Como se fosse possível
em tempo hábil colher o poema
se pôs a caminhar pela casa
e a abrir janelas para um sol inexistente.

Para um sol inexistente
inventou chuvas
no limo de seu telhado
a casa parada no tempo de sua contemplação
os dias antigos mortos nos calendários.

Esperou esse suicida vestido
com murcha flor na lapela
que ao abrir a janela do dia
visse no quintal
a poesia que lhe fora prometida.

Assim como era de seu feitio
inventou no quarto uma chuva no fim da tarde
e pôs-se a observar a terra
com olhos de anseio de uma ave.

De nada valeram as juras parnasianas
nem de nada valeram as palavras gastas:
da terra saltou apenas a profunda ausência de tudo
que não compreendeu e por ela foi engolido.

Não há poesia nem poema na circunstância das noites
onde pássaros se perdem feridos a bater nas venezianas:
não há esse sentir na clausura do instante
o vidro trincado na tez do espelho da sala.

Vieram então outros setembros e meses esquecidos
na líquida paisagem do olhar inerte das paredes:
tinha passado o tempo como passam as aves nos outonos
como passam os barcos antes do naufrágio.

Não se sabe mais esse homem das tardes operárias
nem das fábricas de suas palavras nem de si
na proximidade de sua pele
rente à terra de suas plantas.

No fundo do seu quintal caminha agora rebanhos
pastor que é de sua viagem em volta do próprio corpo:
faz um tempo de manhãs claras
mas há um temporal atrás da porta.

Assim como era de seu feitio
fechou seu casaco de tardes
e se deixou ficar para sempre
entre o acaso e o que não é.

PRECE

Não se cale a tarde
dentro do vaso
dessa argila escassa.

Não se tarde a tarde
nesse alaúde de pouca espera.

Não se faça o poema
com as palavras ínfimas
desse pressentir verbos antigos
no fino lábio da boca.

Nada se faça nesse tempo
senão sentir a fúria do instante
e derrubar as igrejas
o olho amargo de Deus.

Não seja raro o poema
nem rara a palavra
no parco espaço
de seu espaço raro.

Que nada seja.

ÁLVARO,

tira o demônio de dentro
e fica vazio como um poço.

Corta o cabelo
e deixa crescer mais a barba
sem motivo nenhum.

Retira o avião do céu da tua boca
e deixa calar a nuvem de teu nascimento.

Corta o celulóide da tua pele
e inventa outro mundo para viver.

Cala o calafrio da tua cara
e permanece imóvel
dentro de teu paletó.

Afasta a sombra de teus dedos
e faz o tempo parar para sempre.

Morre todos os instantes
e caminha pela rua invisível de teu ser.

Tira de ti o ferimento do grito
e pára diante da fenda do olho
onde dormem os duendes.

Fica dentro de ti,
onde não existes mais
onde te feres
e te deixas,
onde não estás.

Cala as aves
nos alpendres da manhã
entre operários feridos
a cantar o hino nacional.

Reinventa o espelho do rosto
e costura a cicatriz mais funda
para redescobrir o sangue.

Não procures
esse tesouro dos homens,
mas o anel da infância
que se perdeu.

Força a busca de ti
onde não te encontras
nem te fazes nos labirintos
em que te perdes absoluto.

Destrói o sonho
que antes sonhavas
e que não tens mais
em teu armário.

Depois acorda
e mata as palavras
para que tudo volte ao normal.

PRATICIDADE

Para João de Jesus Paes Loureiro

Abro o guarda-chuva japonês
cinza
em cima da minha cabeça
e caminho em direção ao banco.

Pagarei minhas contas
olharei os olhos vermelhos
da moça da caixa
e observarei suas unhas claras.

Conversarei com outros clientes
sobre a vida
e direi que o governo é culpado de tudo.

Nunca mais esquecerei
esta mulher de boca acesa
na fila
atrás de mim.

Sairei depois à rua
e me sentirei um magnata
fora do tempo.
Encontrarei à manhã
vizinhos tristes
e direi palavras desnecessárias.

Enfim
sou um homem prático.

Já posso matar-me sem remorso.

MAIAKOVSKI

Que aqui nestas ruas desprende-se o cheiro raro da
[manhã
e manhã não há mais nestas ruas finais.
Que na brancura do olhar as cenas são perversas
e o teatro ainda não começou na cara dos personagens.
Que aqui neste beco de sapatos longínquos
todas as distâncias se resumem no aceno que se corta
[na mão.
Que aqui as pessoas se despem com espadas de vidro,
se calam profundas se calam
em bocas invisíveis tecidas no pano inerte da tarde.
Que aqui não se descobrem caravelas
nem barcos que não partem nos rios distantes dos dias.
Que aqui há sombras grudadas nas paredes,
muros onde morrem as palavras
e as palavras morrem sempre numa sílaba vermelha.
Que aqui as aves não sabem e não colhem as frutas,
[as sementes.
Que aqui a cidade desaparece nas janelas
onde casais se transformam em ausência.
Que aqui o rosto é a máscara desconhecida do azul,
onde os insetos se misturam no esterco entre os cavalos,
os bois e as ovelhas nas montanhas do nada.
Que aqui tudo se desfaz e inexiste:
a poesia é apenas o soluço desnecessário, soluço que
[pára na boca.
Que aqui o lábio é o apelo que salta
como saltam os gafanhotos entre as plantas,
como saltam os gestos paralíticos das mãos.
Que aqui o pássaro quebra as asas
e permanece no espelho com olhos sem paisagem.

Que aqui neste dia de Setembro faz frio
entre a pele e a blusa de lã,
o casaco infinito das nuvens de Maiakovski
com um tiro no coração:
o sangue é vermelho e a camisa invisível,
as palavras sem som no corte do lábio,
a faca que corta que corta que corta que corta que corta
e penetra no sonho.

XANGAI

Chove em Xangai
onde nunca tive nenhum amor.
Xove em Changai
onde chuva não há e espesso é o vidro da memória.

Xangai distante de mim como cavalos ausentes
nas planícies da Xina.

Mas estou no Brasil,
exatamente na Praça Ramos de Azevedo
diante do Teatro Municipal
onde Mário de Andrade se comoveu escrevendo
uma carta a um amigo no instante de morrer.

Mas estou no Brasil,
um país na América do Sul,
onde guerrilheiros plantam coca
e crianças que não nasceram marcham para trás.

Mas estou no Brasil,
onde as pombas morrem de encontro às janelas
vôo raso na brancura do nada.

Sei que xove em Xangai,
eu que nunca estive em Changai
nem lá fumei cigarros de sonho
nem lá
me apliquei injeções líquidas de tédio.

A xuva de Changai:
não existe a chuva de Changai,
nem no mapa sem saída que trago nos óculos,
nem nas vitrines de armas e facas cortantes.

Xove em Xangai,
mas o delírio é passageiro.

JARDIM

Para Moacir Amâncio

O jardim
é o lugar que observo
rasa cova
a rosa e seu rumor.

Não é o escasso tempo
que se aguarda
flor sem haste.

O jardim
não pertence à terra
nem a seus insetos.

Não é meu olho
esse jardim que se elabora
entre folhas
nem é um cômodo
quarto de esquecimentos.

O jardim que me deparo
é ausência dessas que cortam
que o olhar não alcança.

Esse jardim
não é o que se parece:
tempo que se exaure
tecido que não se tece.

A PALAVRA ÁSPERA

Rio de Janeiro, 2002

POESIA (I)

Árida palavra
na aridez
da palavra árida.

Árido poema
na aridez
do poema ávido.

A poesia árida
na aridez
da poesia grávida.

Árida poesia
na aridez
da palavra grave.

POESIA (II)

Pela fina faca que me olha
a poesia
não é o que dela se espera.

Pelo quadro que me observa
do avesso dessa cara
a poesia não é o que dela se diz.

Pelo rosto nítido desta página
não é a poesia
o que dela se afirma.

Pelo corte deste tempo
que não cessa
não é a poesia
o que dela se adivinha
esse juntar palavras
no oco do significado.

LÍNGUA

Dos paladares nestes pratos
minha língua se dispersa
sobre a mesa:
a língua e a palavra áspera.

Dos rostos em sombras
nas paredes deste quarto
minha face que se cala
na bruma branca que se espessa
e densa se dilui na sala.

Minha língua em idiomas se perde
mas falo a língua viva de minha fala:
a sílaba morta na boca
a língua inerte no poema
o verso morto na vala.

POENTE

A nascente deste sol
não sente nascer o dia
nem sente
o som da tarde
a noite
anoitecente.

Não sente a forma fosca
nem sente a poesia rara
esse sol
que se pressente.

APARÊNCIA

Não é um dia
este dia
mas um instante.
Nada além
nem aquém disso:
um momento.

Não é uma noite
esta noite
mas um apelo.
Nada mais
nem menos que isso:
um pedido.

Não é o mundo
este mundo
mas sim ausência.

Nem isso nem aquilo:
só aparência.

DESTINO

Meus sapatos
caminham
sobressaltos.

LÂMINAS

A lâmina que corta
não é a mesma que decepa
e a que decepa
não é a mesma que corta.

São duas lâminas distintas
com a mesma face que ostenta:
uma que transgride
outra que aniquila.

Duas faces distantes
com a mesma lâmina de afronta:
uma que se resguarda
outra que se adivinha.

A lâmina que corta
não é a foice que se assemelha:
são duas faces da mesma moeda
duas lâminas da mesma faca.

NEGRA

Todas as mulheres
se vestem de negro.
Todas.
As mulheres se vestem
de negro.
Todas as mulheres.
Todas as mulheres
se vestem de negro
todas as mulheres
são negras
todas as mulheres.
Todas.
Todas têm o sexo negro
as pernas negras
na negra intimidade.
Todas.

OBRA

O homem poeta pensa
que lhe fica a obra
esse esterco
de bois anônimos
mastigando o vazio.

Fica o nada
do poeta:
a obra não permanece.

Nenhum poema
de palavras ásperas
a aspereza do verso
nada.

Apenas a fotografia
no móvel
a cara antepassada
sem significado.

POESIA (III)

O poema é tão pouco
que mal cabe na palavra.
Tão pouca a poesia
que mal se percebe.

Não cabe no bolso de meu paletó
o poema inútil deste momento
nem a escassa poesia
do início deste verso.

Toda a poesia brasileira
guardo numa caixa de sapatos
e ainda sobra espaço
para meus documentos inúteis.

POEMAS PORTUGUESES

Coimbra, 2002

MEMÓRIA

São antigas as ruas na memória:
lojas mulheres passos
sapatos que não caminham
o rio que se estende como a nuvem
das embarcações invisíveis
o passado que não existe
o inseto
aos pés das avencas
as ruas de histórias que calam
no fundo da boca
onde o lábio não guarda palavras.

São pequenas folhas de vidro
dessas que ficam nas janelas tardias
onde vivem as pessoas.

O instante de percorrer ausências
os acenos que se guardam
numa caixa no armário
as fotografias

na moldura dourada
que cerca o rosto
na reminiscência de tudo.

O estar no espelho
da palavra
e da necessidade de não dizer.

São antigos os passos
nestas igrejas
os altares de santos derradeiros
as asas de anjos enganados
o vôo da ave que se fere
e não parte nunca mais.

O olhar fenece
como as raízes da terra
os últimos cavalos que não sabem
a relva por existir
crinas como finos fios
no abraço que não há
a cadeira que não serve
o rosto
que não se conhece.

SANTA APOLÔNIA

Embarcações tiram o celofane das águas
e aportam não se sabe em que oceano
afundam palavras no espaço do tempo
esse exato espaço
onde cabe toda a poesia de Portugal.

Versos e velas atravessam o mar
peixes que revivem as janelas de Lisboa
as mulheres que não amarei
Santa Apolônia
de onde partem meus receios
este Tejo de Fernando Pessoa que passeia comigo
dentro de uma capa de chuva
com o chapéu a cobrir a cabeça.

Não sei desta música amiga
não sei da tua guitarra noturna
não sei amiga não sei
da tarde que não sei
da noite que acaba no teu rosto
nunca me saberei reminiscente de mim
em antepassados nas aldeias distantes
ou na Praça do Comércio
onde dou milho aos pombos.

Não ouvirei os acordes da tua canção
teu dia
que se inaugura no xale de teus ombros.

Telhados vermelhos na tua voz
Lisboa do paletó escuro de meu pai
dos olhos de meu pai
ausente pai em todas as ausências irreversíveis
morto pai presente nas cartas de Portugal
onde me deixei ficar nas palavras que me habitam
no bico desta ave que risca o céu
com um giz incerto a percorrer a tarde
entardecida tarde
que se mistura à água a cobrir os pés

como se assim não fizesse
como se assim não fosse partir
por esse oceano que nos engole
e nos completa.

OS ESPELHOS DOS CAFÉS

Também quero escrever a Pessoa
em Lisboa a caminhar pressentimentos.
Direi a ele coisas banais
dessas que se esquecem no outro dia
e que ninguém mais ouve por serem desnecessárias.

Não guardo no bolso
um veneno capaz de acabar com meus sonhos.

Tenho uma capa que me cobre à noite
quando também
caminho sem saber ao certo o que fazer.

No entanto isso não é nada diante da palavra
do poema
da memória
do homem
da alma.

Quero também escrever Pessoa
a olhar a Tabacaria
onde Álvaro de Campos observa
os dias que transcorrem.

Os dias foram feitos para transcorrer
assim como escorrem os rios nos azulejos.

Nestas ruas tenho estado em silêncio
a escrever palavras inúteis.
Tenho saído de mim
em busca dos livros antigos nas estantes junto às
[sombras.

Nestas ruas vejo meu rosto no espelho dos cafés
e não sei mais a quem devo me dirigir.

A RAINHA

Está a caminhar comigo
a sombra de uma rainha
que não sei.
A seduzir-me anda
essa rainha de uma aldeia
de tantas faces
anda a falar comigo
a comer-me por dentro
anda essa rainha
a dizer-me de partidas
a negar-me o ar
essa rainha
de distâncias feita.

Do que vos digo
senhora
pouco me importa o sentido.
Do que vos peço

nada me cala em vossa fala
nem vos firo em vossa intimidade
meu leito em vossas coxas.

Tudo em mim
senhora
podeis viver vosso prazer.

Está essa rainha a caminhar
as luas no céu da boca
a navegar comigo
anda essa rainha de dentes brancos
a descobrir os oceanos da alma.

Está a morrer comigo
essa rainha
que não sei
porque comigo está a morrer.

LISBOA

Caminho
por esta rua caminho
a olhar o rio
caminho
por esta rua.

O rio é o mar Fernando
de onde talvez partirei um dia
a olhar
esta rua por onde caminho
a olhar o rio

este mar
por onde navegam as sombras dos retratos
a louça verde das toalhas
e o vermelho noturno das jarras.

O rio é o mar Fernando
onde fizeste teu poema
desses que ficam para sempre
no oceano absoluto em que naufrago.

Caminho altas horas
a carregar a madrugada no bolso
um olho de ave que nasce
alpendres no arame da alma.
Ando a cidade em mim
como se fosse o mar dos sentidos
um barco incerto
no oceano que nos turva.

Caminho tua cidade Pessoa
como se assim devesse ser
e assim é
nestes tempos de cismas e de aguardar.
Não me basta abrir a janela
para ver
o rio aberto a invadir meus sapatos.

Não sei de Lisboa
nem das odes
poemas do lírico aceno de morrer:
a poesia é efêmera
nos azulejos das palavras
esse sempre azul que permanece.

Nesta rua ando como navegador
e não sei que caminho tomar
quando o mar é tão distante.

ALMA

Se construo minha alma
desconstruo o que não fiz:
o sinal desse tempo escasso.

Minha alma se deixou em Portugal
onde viveu meu pai
a caminhar com algumas ovelhas.

A poesia é só uma cisma:
Outono que morre
na palavra que se corta
à tarde inconclusa.

PRECE

Que me seja dado ainda
ver Portugal
num dia de Setembro
que me seja dado
ainda
que me seja dado
ver Coimbra
nessa noite escassa
de meus sentidos
que me seja dado

o olhar da poesia que me falta
o instante que se perde
que ainda me seja dado
o olhar das aves nas igrejas
que me seja dado ainda
caminhar ao lado de Inês
que me seja dado
ainda
ver Portugal
no final da Primavera
que me seja dado
ainda
que me seja dado
falar com as pombas
numa praça em Lisboa
a ouvir palavras que não esquecerei
que ainda me seja dado
que ainda me seja.

BEATRIZ

Em algum lugar do mundo
existirá uma mulher chamada Beatriz
e haverá de ser colhedora de uvas
nas quintas de Portugal.
Em algum lugar do mundo essa Beatriz
estará usando sandálias de camponesa
será talvez pescadora das tardes e dos rios.

Em algum lugar me esperará
como se não esperasse ninguém
como se não fosse ela
a própria Beatriz em alguma igreja distante.

Estará essa Beatriz a colher os figos de Outono
com desejos de partir para os oceanos
e ouvir as aves
no pátio de sua espera.

Haverá de estar com uma bolsa de folhas
o musgo das árvores
o limo do chão.
Haverá de saber cantar silêncios
essa Beatriz à janela de um castelo.

Em algum lugar de Portugal.

DIANTE DO MAR

Também estou diante do mar
a partir de mim
para descobrir não sei o quê.
Como se não estivesse
também estou diante do mar
a colher ostras e estrelas.

Guardo bem o sentido da vida
como se a mim fosse permitido
aguardar os sentimentos das tardes.

Também estou diante do mar
como se a saltar de um abismo
e a calar as aves e as nuvens
dessas que vivem por cima das águas
e no fundo do olhar.

Também estou diante do mar
como se a partir sempre para lugar nenhum
ao redor da palavra
esse ato de morrer.

Não sou neste silêncio do rio
o braço do oceano
em que navego pressentimentos.

Ah, Cesário Verde
faz viver ainda mais este poema
como se à poesia
fosse possível salvar o mundo.

Também estou diante do mar
a ver o avental cheio de uvas
também estou
como se não estivesse
a partir de mim e comigo
em busca de não sei do quê.

VAGAS LEMBRANÇAS

São Paulo, 2001

Nossa Senhora da minha guarda
santificada sejas no pomar
entre as laranjas da tarde
entre as luas derradeiras
santificada sempre sejas entre os homens
e entre as mulheres cheias de graça
sejas sempre entre os pecadores
esse olhar que se estende
manto de salvar o mundo
sejas sempre
Nossa Senhora de minha angústia
sejas sempre.

*

O homem comum atravessa
o olho de sua morte e nasce
como nascem as aves no outono
e os dias nos calendários.
O homem comum há de ser comum
entre a noite de cal e o oceano

como se assim pudesse se alcançar
tentativa da palavra escassa.
O homem comum
não se surpreende no espelho
nem se vê
na imagem em que se interfere.
Morre o homem comum
como morrem
as escamas dos peixes
morre na alternativa
de não ser mais.

*

A farpa do dia
na jarra de cristal
o olho olha alheio
além do que vê
no círculo de seu espanto.

Parte da luz
é a luz que parte
no espaço efêmero
da palavra
por dentro a se falar
por onde escorre
o rio da frase.

O poema é nada
neste discurso sem saída.

*

O espanto que cala
é aquele que absorve
a palavra na derradeira sílaba
essa que salta da boca como um gafanhoto
essa
que se articula e se escreve no céu da boca
onde dormem estrelas cadentes.
Igrejas antigas reinventam altares
onde santos se despedem da vida
na boca de mulheres quietas.
É assim que se descobre o branco
no final do dia inexistente
a possível ausência de todas as coisas
um mundo pequeno guardado
numa caixa de fósforo.
Antigos sacerdotes povoam
o tempo que esvai
como frases perdidas
num templo de portas fechadas.

*

Poesia escassa poesia
o poema pouco à palavra rara
a poesia rara à palavra pouca
a pouca claridade
a claridade pouca
o verso imóvel
a frase feita
sílabas decassílabos metrificados

o som dos verbos
e substantivos adjetivados
a rima antiga rima no poema morto
o poeta parnasiano
na modernidade do poema escasso
a escassa poesia do poema imóvel
e o poeta
que morre inerte numa camisa-de-força.

TERMINAL

Curitiba, 1999

MEMÓRIA

A sorte que se joga
no dado permanente,
na mesa desse jogo,
o gesto e a serpente.

No número desse destino
que se quer sempre de frente.
A vida e a morte,
mais que naturalmente.
A veia que se corta
no pedido mais pungente,
o corte dessa gilete
na fuga incontinente.
O que se produz na saliva
na boca da câmara ardente,
esse espectro mais escuro
do que era evidente.

Não cabe nessa memória
nem passado e nem presente.
Só cabe o que não existe,
aquilo que se pressente.

ANATOMIA

Oca cavidade
na forma do corpo.
Mãos debruçam dedos
no gesto.
Ocavidade no olho,
no avesso do olhar,
onde tudo desaparece.

Oca vida de oco espaço
opaco lugar
de espera.
Oco olho
oca pálpebra
o oco nada,
essa coisa
em si mesma,
na cisma de ser.

Cavidade da boca,
oca boca
no oco escuro da luz.
Oca planície por dentro,
o pomo da discórdia,
o beijo
que não se conclui.
Oco é o dia,
oca a tarde
a noite oca
do que não é.
Oco ócio,
oco ofício de viver.

ALUMBRAMENTO

À memória de Lindolf Bell

Pequena é a sala
do esquecimento,
a cela que nos cerca
na circunferência do templo.

Pequeno é o solo do sentimento,
a sombra que nos consome
vivos em nosso silêncio.

Pequenos são os motivos
que nos comovem
em nosso pressentimento.

Pouca é a luz
no invólucro
do envolvimento.

Longa é a distância
do ausente
e do padecimento.
Leve é o som
desse momento,
do tempo que pára
no descobrimento.

Aparente é o corte,
a faca que corta
o féretro,
o falecimento,

o que acaba,
inconcluso acabamento.

Pequeno é o passo
que atravessa a sala
e carrega a teia
do acalento.

Pouca é a morte
em mais este
adiamento.

FINAL

Para Mirian Paglia Costa

Parco é o espaço na terra,
o espaço do móvel na sala,
a pulseira que prende no pulso,
a faca que mata e se cala.

Parco é o silêncio de agora,
do que é e que não é,
do que faz e não se instala.

Parca é a ausência do nada,
esse invólucro vazio,
celofane de duas caras.

Parco é o instante pouco
que não traduz
o momento que resvala.

Parca é a palavra rara
que falta na boca e no apelo,
mais que grito,
é a frase incompleta
que não se fala.

PÓSTUMO

Antigos rios sem água
nem peixes,
deixou flanelas esquecidas
em cima dos móveis,
vasos de porcelana,
porta-retratos,
fotografias indecifráveis.
Deixou a casa fechada,
a manhã de chuva,
cartas sem palavras
e acenos imóveis.

As cicatrizes
sangram oceanos
com escamas de celulóide.

Deixou um barco partindo
para lugar nenhum
e a condição do olhar
corpo adentro,
no avesso do que foi.

Inventário de si,
não soube aguardar seu dia,
nem soube pressentir.

Deixou uma boca de frases mudas,
vírgulas mal colocadas
e pontos finais antes do poema iniciar.
Guardou tapetes e quadros
nos azulejos de sua intimidade.
Não pensou
nas pessoas posteriores
escondidas no espelho da sala.

Aguardou-se por dentro,
onde não alcançava
nem se sentia
na inútil paisagem do futuro.

Deixou silêncios
e crueldades,
ferimentos nas tardes,
nas janelas das residências.

Desesperos nas gavetas
escritos no branco
prescrevem o espaço do quarto.

Nada fez senão
reinventar manhãs.

Foi como senão fosse,
como se não.
Os poemas foram como cartas

de baralho com reis e rainhas
sem reino qualquer.

Não escreveu as sílabas
que julgava necessárias,
nem cultivou as plantas
que sempre quis cultivar.

POÉTICO

Para Celso de Alencar

Chega uma hora em que a poesia
não basta em si,
chega uma hora em que a poesia
não basta em ti.
Chega uma hora em que a poesia
não basta em mim.
Chega uma hora em que a poesia
não basta.
Chega uma hora em que a poesia
não basta em nada.
Chega uma hora em que a poesia
não basta.
Não basta porque a poesia
não basta,
como se desnecessária.
Como se desnecessária
chega uma hora em que a poesia
não basta em.
Não basta aquém,
não basta além.

Chega uma hora em que a poesia
não é.

Não é poesia,
se assim fosse, seria.

Chega uma hora em que a poesia
não basta, não chega.

Chega uma hora em que a poesia
se mata em si,
dentro dela,
no próprio avesso,
no cofre de sua palavra,
o que não se alcança.

Chega uma hora em que a poesia
não dá.
Chega uma hora em que a poesia
não.

VIAGEM

Para Mário Chamie

Como se visse o viço
fosco, a víscera de seu vício.

Como se fosse seu ofício,
seu próprio fato,
empreendeu seu vôo
e voou distante
na taciturna tarde,

instante tardio
na sua sorte.

Como se visse a vasta noite
de seu semblante,
calou fundo o ser ausente.

Como se ouvisse
ou visse
a forma de seu espectro,
andou ausências
na sala saliente
de sua virtude de viver.

Não foi além de si,
senão
um passo na volta
de sua proximidade.

Como se assim não fosse
a ave
que volta asas
nesse retorno sem fim.

Como se
dissesse sua senha,
mergulhou por dentro,
como se pedisse,
como se tivesse,
ou esquecesse a trajetória.

Como se não fosse,
escureceu o olhar
e se espera voltar de si.

TERMINAL

Tece o medo
nessa flanela de anseio,
tua morte
nesse pano escurecido.
Tece o tecido da tua tez,
teu corpo cerzido
entre a linha do pavor
e do porvir.

Tece o dia sem retorno,
tua plástica, tua geografia,
tua solidão sem cidade,
tua pátria mais íntima
que se aglomera
no esmero do desvalido.
Tece o torso de teu riso,
no raso rio de teus receios,
a espera áspera
de tua espada.

Corta com alicate
o fio da tua conduta,
a luz aflita
do teu espanto.
Cala a palavra, o suspiro,
a extrema-unção noturna
dos sentidos.

Depois espanta os cavalos
do jardim, a crina criminosa
dos jazigos, a lápide sem nome.

Arremessa o frio, a cicatriz,
teu grito no encanto,
e corta o corte a cortiça
que te exprime.

Tece a saia incerta,
esse tambor da noite
expresso no timbre
do teu remorso.

Tece a seda do lábio,
o ferimento
que corre por dentro,
onde a intimidade não termina.
Depois tira as ovelhas da paisagem,
afasta a poltrona dos joelhos,
circunflexo esquece a oração
e a palavra que não cabe.

Navega em tua rua
teu passo esquecido
entre o futuro
e o que não será.

Veste teu agasalho
nesse domingo ausente,
nessa missa,
nessa missiva sem endereço,
sem pessoa, impessoal.

Risca o desejo, a vida,
a forma de teu crime,
teu assombro
e tua sombra.

Depois atravessa
a travessa da tua dor
e dorme
o desespero dos suicidas.

Depois descobre teu testamento
entre as salsas e o sal,
teus sapatos sem destino,
teu invólucro do nada,
teu celofane vermelho
no teu pacote de infortúnios.

Depois esquece
e tece
a tez do esquecimento,
o canivete que corta fino
a fatia do pressentimento.

Depois corta os dedos
e o aceno,
teu gesto inútil,
porque a tarde ainda demora
e o dia não terminou.

INESPERADO

Para Neide Archanjo

Branco rosto que se emoldura
dourada tez no sono
para aguardar que amanheça.

Dos dias derradeiros nada guardo
senão o gesto inesperado
que antecede a palavra,
às vezes soluço.
Nada guardo senão as cores,
porque tudo está no olhar
que observa
enquanto as pessoas passam passos alheios,
o passado, o porvir.

Das chuvas nada guardo
senão o idílio comovente das plantas,
senão a tímida forma das folhas nítidas,
pálida paisagem íntima
do espelho.

NADA

A frase não existe
no contorno da boca,
como não existe o gesto
na geografia da mão.

Águas antigas percorrem aquários
em cima da mesa,
de onde o peixe observa
a paisagem morta na janela.
Pára em mim o tempo inerte,
a imobilidade do olhar,
o avesso do verso que se mostra
e se detém nas sílabas dançarinas.

A hora é essa de presságios
e de aves que migram
para lugar nenhum.

AUTO-RETRATO

Ando sempre com a sensação
de estar à beira de um colapso.
Mas sei que isso faz parte
da brutalidade cotidiana.
Enquanto não dou um fim a tudo,
me submeto à próxima
vontade de existir,
como se tudo fosse normal.

ESPETÁCULO

Para Paulo de Tarso, Odete e o pequeno Nikolas

O salto mortal
é meu número especial
nesta tarde de domingo.

Não tento o trapézio
por não saber voar
sobre as cabeças
que torcem para a corda arrebentar.

Quando muito,
abro a tarde
falando ao respeitável público

que farei a mágica final
de desaparecer
sem nunca ter sido
visto por ninguém.

PONTO FINAL

É bom saber que a vida
volta ao normal.
Algumas vezes me sinto triste,
mas nada que me leve ao desatino.

Nas tardes de chuva
imagino peixes voadores
sem a convicção necessária.
Nos domingos passeio lembranças
como um velho que depois
vai ler jornal no banco de um jardim.

Perto da noite
olho pela janela
com a naturalidade de um pai
que chama o filho para jantar.

Nas madrugadas
me viro na cama
e faço alguns planos para amanhã.

Agora mexo nas plantas
e percorro calçadas
com o cuidado
de quem anda num hospital.

20 POEMAS QUASE LÍRICOS
E ALGUMAS CANÇÕES
PARA COIMBRA

Coimbra, 1999

Penso como se este instante não existisse,
a larga aba do chapéu que não tenho.
Penso como se não pensasse,
porque pensamento não há,
nem persiste.
Debaixo do Arco de Almedina
vejo as pombas a dormir
como se não fossem pombas,
mas pássaros enormes feitos anjos
destas igrejas de outros séculos,
onde as pessoas conversam
e se buscam por dentro,
nas pedras dos templos,
nas bocas dos sacerdotes.

Penso também na tarde junto às casas,
vitrais com cavalos brancos,
este cheiro de altares antigos,
deuses que escapam para a vida.
Penso como se assim não fosse,
como se nada houvesse para acontecer,
porque nada há para acontecer.

Os degraus da Sé Velha marcam os passos
de sempre voltar ao que não é,
a rua que se perde,
estas portas para o copo de vinho,
uvas caladas em cachos úmidos,
roupas nas janelas cobrindo os azulejos,
a mulher sentada à porta
na rua de São Cristóvão.
Ela pensa em si como se voasse,
ave noturna que se precipita
entre os telhados.

*

Leio teus poetas
em cafés imaginários,
poemas imaginários
no café dos teus poetas.
Leio a poesia que não se lê
nas tabuletas destes bares,
esta guitarra que alguém toca no Adro de Baixo,
o poema que ouço
na louça de teus becos,
pincéis invisíveis,
tuas escadas,
degraus que não terminam.
Permaneço em mim no Largo do Poço
e observo as mulheres de negro
que não caminham em mim,
mas terminam em mim,
como se concluem os rios,
esta voz que canta não sei onde,
quase lamento não sei de quê.

Leio teus poetas nos cafés,
olho olhares nos cafés de teus poetas,
teus livros antigos,
guardo pressentimentos
na rua do Almoxarife
e na noite imaginária
ouço teus poetas nos cafés
destas praças, destes becos,
os cafés de teus poetas,
a poesia que me cala e me comove
a torre da Igreja de São Bartolomeu,
velai por mim aqui sem saber no Beco das Cruzes,
alcançai essa poesia dos cafés de teus poetas,
teus poetas mais tristes,
como tristes nunca vi.

*

O que guardo na memória
não cabe num vaso de porcelana,
não cabe sequer numa concha
o que guardo na memória.

O que guardo na memória
pode caber na Custódia do Sacramento,
no olhar desse anjo
que observa o mundo
com olhos antigos e desnecessários.

O que guardo na memória
são odes que se esquecem
o que guardo na memória.

O que guardo na memória
são os passos que dei em volta de mim,
como se me procurasse
com a certeza de não me achar
nestas pequenas ruas perenes de Coimbra,
onde me guardo nos livros
da biblioteca Joanina,
as palavras douradas,
os dentes desta mulher sedutora
que me dá a noite de presente,
este cheiro de perfume e de flores,
de alimento por servir,
o vinho que se derrama na toalha.
O que guardo na memória
não cabe num vaso que se põe à janela.

*

As cores que me encantam
em Coimbra me encantam mais.
Amarelos velhos molhados de chuva
pedras cinzas do passado
janelas verdes como olhos brancos
a descobrir as noites que correm.
Encantam-me as cores que não sei definir
as cores dos livros
as cores das pombas
das portas antigas
sobretudo das igrejas
dos retratos dourados
das imagens perdidas em altares aflitos
as cores dos dias

as águas escuras desse rio que me corta
em poemas que imagino nas bocas.
Encantam-me o negro destas capas
a cor dos olhos
a cor do lábio
a cor dos dentes
a cor do silêncio
a cor do olhar que me afasta
a cor do musgo junto ao pé das paredes
a cor dos sapatos
dos casacos de frio
a cor da cor
que a poesia não pode descrever.

*

Quando o Mondego
passa debaixo da ponte de Santa Clara,
Coimbra se põe a olhar
o Mondego que passa
debaixo da ponte de Santa Clara.

Santa Clara pertence ao rio
e o rio pertence a ela.

Coimbra olha do alto
e não interfere
nessa poesia do rio e da santa,
da santa e do rio.

Do alto da torre,
Coimbra só observa
o rio que passa debaixo
da ponte de Santa Clara,
como se estivesse ali parado,
a santa à margem
como se ali estivesse sempre,
como sempre está,
como nunca deixou de ser.

GESTO NULO

Curitiba, 1998

RETRATO

A cidade assim vista desta distância
é uma mancha
no meio das avenidas onde os automóveis
comovem passageiros e mulheres nas calçadas.
Prédios acesos riscam retratos amarelos
entre grades de ferro e sirenes ligadas.
O cheiro de hospital
ensopa o algodão de clorofórmio,
a costura do ferimento,
lâmina desnecessária entre o corpo e a lucidez.

Nada a calar o momento tenso instante
como o rio que invade as casas
ou a terra que cobre os telhados.

Igrejas parecem túmulos imensos,
mas só parecem túmulos imensos,
não são túmulos imensos como parecem,
são mais que túmulos imensos as igrejas
que se parecem com túmulos imensos.

As bocas de verniz das mulheres
se derretem como folhas que morrem sem saber.
Dentes mastigam imagens brutas
neste beco sem saída
onde as coisas adormecem.

POSSIBILIDADE

É possível que eu me inclua no poema
será sempre possível
porque na literatura as palavras
não têm sentido
nem mesmo a literatura se faz
e se acrescenta entre delírios e mortes
nesse desejo de viver
o que resta do desejo e da vida.

Se te procuro a esta hora
é apenas para preencher este vaso
de ausências e gestos feridos
como se assim fosse possível
criar uma imagem poética que a poesia
pede no momento da elaboração de um poema
que nada significará.

Se entro dentro do teu sexo
com esta fúria criminosa
é apenas para sentir mais profundamente
essa dor que faz da tarde
a bandeja de muitas músicas paralisadas
nos instrumentos de compositores
que não existem.

BUENOS AIRES

Nestas ruas de Buenos Aires
desejo morrer com a primeira mulher.
Guitarras cortam como navalhas
meus pulsos de suicida
por um amor que não conheço.
A mulher que se deita comigo
nesta hora da madrugada
o lábio vermelho molhado de álcool
e o sexo seco
essa mulher me entrega os receios
num invólucro de celofane
e eu
assassino de última hora
permaneço neste quarto
observando os luminosos amarelos
com a nítida impressão
de que nada mais há por fazer.

MOMENTO

Uma atriz canta ópera no meu ouvido
comovidamente agradeço
como se fosse um nobre de qualquer estirpe.

Não conheço as palavra nem a música
embora a música e as palavras
sugiram tristezas corrosivas.

Uma harpa de anjo faz acordes no fundo
de uma catedral onde mendigos
recolhem migalhas e moedas.

Violinos morrem
enquanto o maestro faz gestos
em um concerto
levado às últimas conseqüências.

Certamente não sou tenor
e pouco percebo do que acontece em minha volta.

Quando muito acordo todas as manhãs
e sem nenhuma convicção saio à procura
de algum amigo que não tenha morrido
durante a madrugada.

Conheço algumas mulheres sem rosto
e com elas jogo baralho e adivinhações
que nada antecipam do futuro.

De forma que a inutilidade deste instante
em nada pode explicar esta maneira de viver.

HISTÓRIA

A última mulher se atirou no oceano
saltando de um navio
que seguia para o Caribe.
Se houvesse volta passaria
comigo três dias
em qualquer cama de Havana.
Mas se atirou
deixando uma carta para ninguém.
Nesta hora da noite reflito:
ocorrência que não se explica

porque jurava amor ao próximo
e que estava disposta
a lutar em Moçambique.
Em todas as madrugadas
me engolia por inteiro
disponível como qualquer mulher.
Não saberei fazer seu retrato falado
nem dela guardo qualquer documento.

Recorreu à morte por razões próprias
e intransferíveis a qualquer outro mortal.
Quero descer no primeiro porto
e voltar de avião para o meu quarto,
onde tentarei compreender.

O TANGO

Ao dançar esse tango
como se bailasse dentro de teu corpo,
sinto que se morre um pouco a cada passo.
Ao beijar o canto da tua boca
nesse tango de violinos
e pedras de açúcar,
compreendo que morrer é muito mais.
Teu gozo agora é imperturbável gesto
entre o colar de pérolas
e as pulseiras de ouro
que te prendem à vida.
Tuas pernas brancas me invadem inertes
e posso sentir teu sexo molhado,
assim pronto para o suicídio
nesta madrugada de 13 de janeiro de 1992.

PAGANINI

Se eu soubesse tocar violino
certamente não estaria preocupado
em escrever poemas
como exercícios herméticos.

Se eu soubesse tocar violino
violoncelo ou clarineta
certamente
estaria no Teatro Municipal de São Paulo
fazendo um concerto de magnitudes.

Não estaria escrevendo cartas
com gestos obscuros.

Certamente seria reconhecido no metrô
ao desembarcar na estação da Sé
com meu instrumento de cordas mudas.

Se eu soubesse tocar violino
não precisaria comprar flores
para nenhuma mulher
nem seria necessário
calar pressentimentos no meio das madrugadas.

Falaria a linguagem dos puros
e evitaria a poesia
do sobressalto que existe em cada esquina.

Se eu soubesse tocar violino
não seria Paganini,
mas eu mesmo, sem disfarce,
engolido pelo horror
num palco de teatro nenhum.

BAILARINAS

As bailarinas bailam
porque esse é o destino
de todas as bailarinas
que bailam dançam cantam canções
do século 19
e se esparramam em palcos
de gestos desesperados.

As bailarinas inventam o baile
e giram no ar as sapatilhas
em pés invisíveis.

As coxas das bailarinas se derretem
neste gozo
de palavras silenciosas.

As bocas das bailarinas suplicam suspiros
quando morrem assim inertes
no beijo de sangue escorrendo
o fragmento do lábio.

As bailarinas se esquecem e se consomem
uma por dentro das outras
entre gemidos e cortes de facas
na valsa de Chopin.

O AZUL IRREMEDIÁVEL

São Paulo, 1992

A linguagem é a palavra
que salta do papel à leitura
salta da boca ao papel
do pensamento ao silêncio
sem reinventar letras
sílabas mortas nos livros
escondidos dentro das prateleiras
e nas bibliotecas
perdidas sob a montanha de poeira.

*

Vírgulas brancas
correm o texto poético
e se perdem onde se perdem
as vírgulas brancas
que correm o texto poético.
Palavras se cortam nos períodos da página
imagens se perdem nos contornos da folha
a paisagem é nítida como o espelho
onde o rosto se apaga
mas os olhos permanecem acesos.
O poema se faz e cresce e se acrescenta

se transforma e rompe a paisagem
onde o rosto se apagou.
Os versos decorrentes
são apenas
versos decorrentes.

*

Adjetivos antigos cortam
o texto
a poesia se faz substantiva
e esquece imagens
e formas
navega na folha
como um barco de papel.

*

A poesia tece a teia
aranha morta no canto da sala
a poesia tece a mosca
linhas obscuras
que o poema não decifra
e nem sabe informar.

*

O poema não tem obrigação
de dizer coisas poéticas
como querem os amantes

da poesia.
O poema é a coisa poética
que não se diz
porque as palavras estão mortas
e efêmera é a poesia disponível
nos pavores cotidianos.

*

Flautas tocam no fundo do poço
a música
que não se compreende.
As flautas
cortam hastes de plantas
adormecidas nos jardins.
Em 1997 haverá uma orquestra
de pessoas tristes
nas escadarias do nada,
violinos invisíveis
em sonatas que não existem.
O mês de Maio atravessa a janela
como se fosse uma faca.
As facas não são meses nem são dias,
as facas não são.
Bocas mortas sopram palavras
mas a frases não conseguem nascer.

*

Pálidas mulheres
se desfazem em camas antigas.

Antigo é o poema.
Cálidas mulheres se amam
em silêncio, quietas como freiras,
clausura onde se cortam
os seios, as pontas dos dedos.

Tristes mulheres voam noites
com asas de arame
e se batem em prédios
e janelas e ladrilhos.
Conventos famintos nascem
e morrem e nascem,
mulheres lânguidas se deixam
e chupam a tarde
a mancha o gesto o ar
a morte a morte.

*

A sala tem um quadro
que envolve a própria sala
dentro do quadro
que envolve o próprio quadro
dentro da casa
que envolve a casa
as pessoas e os mortos
os mosquitos e as aranhas
e se transforma
dentro da moldura
numa paisagem do nada.

*

Vagos são os dias vagos,
os vãos o verbo as vindas vagas vigas
a vida vaga
vagas são as plantas
os dedos mortos vagos
os dedos mortos
vagos são os mortos
apagados no branco do olhar
vagas são as letras
o sentido a terra a água o fogo
vago é o gozo o prazer é vago
na vaga beleza que preenche o vaso
mas não completa a imagem.

*

O avião parte com asas de alumínio
como se fossem de um anjo
ou de ave sem destino.

O avião tem janelas redondas
com rostos assustados
outros felizes
observando olhos azuis
derramados na pista.
O avião parte como partem todos os aviões
nas manhãs.
Inertes imóveis escuros e tristes
os aviões partem
e se enfiam nas nuvens

cálices de conhaque
e copos de vinho.
Os aviões partem
como partem os velhos para a morte,
os trens para o silêncio.
Os aviões partem
as pessoas se despedem com lenço
e lágrimas
e três beijos de amor.

*

Do amor resta o rasgo
pessoas cortadas ao meio
história sem passado
beijo de arame
nos dentes de acrílico
a língua de porcelana
e as palavras
que deixaram de ser
no amor
que resta um rasgo
pessoas cortadas
como personagens
que se matam num romance.

*

A renda do vestido
desvenda a renda
do vestido desvendado,

a noiva branca
com sexo de leite
espera a boca
que vai bebê-la
nas núpcias de tantas noites
no gozo solitário
de horas noturnas
que não se movem,
mortas que estão.

*

O dedo aponta um rumo
mas rumos não há mais
como o bonde de Drummond.
Minas não há
não há as ruas nem pés
não há dedo
que aponte o rumo
não há mais
nem há mais palavras
para repetir
esta mesma história
de sempre.

*

Atrizes se despem no palco
lânguidas
se masturbam numa cena

que excita espectadores
num gozo efêmero
como um livro de poesia.

*

O romance diz que um besouro
bate no vidro
enquanto chove lá fora
mas a heroína
ainda não percebeu
para o desespero
do leitor.

*

Passam pássaros pousam
passos aves antigas
voam o vôo círculo de giz
o risco no céu
como nuvem chuva
cavalos
perdidos cavalos
cavalgam no jardim entre os grilos
plantas galos
aves
eqüidistantes
multiplicadas
no espaço disponível.

*

A poesia corta o poema
partindo fatias de palavras.
Sem palavras o poema
não existe
poema sem palavras.
Desnecessárias
as palavras morrem
na boca do homem.
Sem boca o homem
não existe
o homem sem boca.
Um homem sem boca
é um homem sem palavras.
Sem boca e sem palavras
o homem e o poema
não fazem parte
do próprio significado.

*

A pessoa certa atravessa
a rua com seu terno branco
gravata de seda italiana.

A pessoa certa
executiva de si mesma
atravessa a praça
com sapatos pretos
meias de náilon norte-americanas.

A pessoa certa entra no prédio
recolhe dinheiro
coloca na pasta
pega o elevador.
A pessoa certa
atravessa o hall
chega à porta giratória.
A pessoa certa
põe o pé na calçada
e cai fulminada
sem saber por quê.

*

Há uma igreja azul no meio da noite
mas os santos adormecidos
não sabem
e os fiéis que sabiam
estão esquecidos
as freiras que rezavam
estão ausentes
sacerdotes que acreditavam
partiram para a Amazônia
e Deus decidiu
parar com essa encenação
exatamente no domingo,
na missa das 10.

*

Diante do quadro
de Portinari
as almas mortas de Gógol
lamentam o sangue que escorre
pelas paredes
do Museu de Arte de São Paulo
nos automóveis da avenida Paulista
e do mendigo
de azul
que nem sabe que já está na capital.

*

Aqui na floricultura
do Largo do Arouche,
eu espero o fim do mundo
olhando para a Academia Paulista de Letras.
Os automóveis estacionados na madrugada
me fazem lembrar sepulturas antigas
que me habitam.
Aqui na floricultura do Largo do Arouche
escolho as últimas flores
para a última mulher.
Tenho em mim as palavras desnecessárias
para um discurso que nunca farei.
Aqui na floricultura do Largo do Arouche
espero o fim do mundo
como quem espera o bonde
da avenida São João
que não existe mais.

*

Um automóvel vermelho
atravessa a praça
com a faixa de um candidato
ao Prêmio Nobel de Literatura.
O candidato morto faz um discurso para ninguém
e garante a imortalidade de sua obra
e de sua vida.
A Academia Brasileira de Letras
escreve um telegrama
e o presidente da República vai à televisão
agradecer em nome da cultura nacional.

*

A mulher na minha frente
usa um maiô vermelho
como uma hóstia
que tem cor de sangue.
Vejo os pêlos de seu sexo
no meio de suas coxas redondas.
Faço a ela gestos delicados
e ela me responde
mostrando a ponta da língua
entre os dentes brancos.

Para me deitar com ela basta
subir ao apartamento 1.234,
onde estará me esperando
depois das onze da noite
com os seios molhados

de vinho e perfume.
Amanhã estaremos na praia
distantes e tristes
como dois piratas inimigos.

*

Inútil querer construir
o poema
com palavras invisíveis.
Os poetas não tiram mais fotografias
como antigamente.
Vejo uma foto de Drummond
Bandeira Vinicius Quintana
e ainda Paulo Mendes Campos
segurando o cigarro com os dedos da mão
esquerda.
Bandeira usa óculos de lentes grossas
Vinicius ray-ban
e Drummond de aros finos.
Quintana está de pulôver gravata
e meias de lã.
Não tiram mais fotos já que
estão mortos nos álbuns de retratos.
Inútil construir um poema
sem qualquer informação,
sem estrutura e sem desejo.
Os poetas ainda pensam nesta foto de 1963
e é como se falassem
vivos e lúcidos
sem nenhum constrangimento.

*

O poema de amor não tem forma
não tem cor não tem gosto,
como a água.
O poema de amor começa em ti
e em ti termina
como o gozo que tem começo,
meio e fim,
igual ao beijo que machuca a boca
e fala palavras mudas
na linguagem
incontrolável das línguas.

O poeta romântico morrerá
certamente doente
e pedirá para abrir a janela
ou fechar de vez
a noite quieta de seus vinte anos.

*

A moça da revista
veste um maiô azul
a moça da revista
olha com olhos apaixonados
a moça da revista
mostra a ponta da língua
entre os lábios de vidro
desenhando a boca vermelha.
A moça da revista
mexe as mãos

e coloca os dedos no meio das coxas.
A moça da revista
se masturba com os olhos fechados
e diz palavras lascivas.
A moça da revista
goza profundamente
e se debruça na página 28
para adormecer.

*

O carro funerário pára no farol
entre buzinas e sirenes
de ambulâncias.
O carro funerário engata
a primeira, depois a segunda,
a terceira
e trafega pela avenida
enquanto o morto
olha pela janela
achando que tudo caminha
em marcha à ré.

*

O tanque de guerra se aproxima
o filme dramático chega ao fim
deixando 400 mortos na platéia
e uma bomba atômica
atrás das cortinas.

*

Quando escrevo um poema
na 1ª pessoa
tenho a sensação
de ser o protagonista
de uma história
ridícula.

*

O estádio tem
10.930 pessoas
e 22 jogadores
correndo no campo
além do juiz e dos bandeirinhas
e 1.232 repórteres, locutores
e vendedores de sanduíches
e 72 policiais com vontade de matar.
No fundo das arquibancadas
ergo minha bandeira
sem nenhuma convicção.

LINDAS MULHERES MORTAS

São Paulo, 1990

DE MORRER

Pois esta dor e esta lágrima,
tango de açúcar,
vão além do soluço invertido
na garganta e na vida por viver.
Pois esta dor não tem retorno,
propriedade de todos os homens,
a puta
se debruça na janela
e na varanda imaginária
tenta lembrar reminiscências.
Mas as putas não têm memória,
há apenas imagens que enganam,
apagadas no fundo da cabeça,
onde as palavras se esquecem,
onde o corpo murcha durante a noite,
e incha na hora
do amor que não existe.
Depois fica tudo em silêncio
e fica tudo escuro.

A cada minuto se morre um pouco.
E a cada morte o minuto passa,
mas nem fica na lembrança.

A SAUDADE

O sexo sangra,
essa planta de tantas pontas sangra,
essa coisa que se esconde
sangra,
a dor machuca, a respiração sufoca.

Doce puta,
pátria amada, idolatrada puta,
comovida mulher de todas as esquinas,
de todos os antros,
de todos os outros,
as paredes são de tédio
mas saudades não há.

Tudo que poderia ter sido e foi,
não há passagem de volta
e seguir para que lugar?

Uma carta de amor com perfume,
no canto do papel talvez um desenho francês,
as palavras se despedem
mas a vida continua,
como o espetáculo
que dizem os artistas de teatro
quando o palco fecha
e os personagens enganam a farsa.

O CENÁRIO

Não há beleza ao redor da cama,
talvez um tapete meio verde,
um quadro de Jesus Cristo,
três flores de matéria plástica,
o criado-mudo com porta-retrato,
um artista de cinema,
o cantor de canções infelizes,
o conjunto de rock,
a lâmpada de quinze velas
e o rolo de papel higiênico cor-de-rosa.

A ROTINA

Perfumes narinas ofegantes
a noite se estende nestas ruas,
portas de fechaduras antigas,
escadas degraus para o nada.

A cama
aflita cama vitrola do lado,
disco de outros tangos,
amores tardios,
a paixão de todas as mortes,
o corpo branco
os pêlos amassados
o sexo se abre
no meio das pernas,
gritos por dentro,
o gemido do avesso,
sem gozo

sem gosto
sem nome
sem organdi,
a meia de náilon preta
da Mesbla,
manequim invisível
que caminha pela São João
com sapatos ausentes
até o ponto no Largo do Arouche,
em frente à floricultura.

A CIRCUNSTÂNCIA

O rosto da puta guarda
as palavras mais antigas
de sua boca de muito tempo.

A boca da puta guarda
os riscos de muito tempo
de seu rosto mais antigo.

O nariz da puta está morto
e seus pés
cobiçam caminhos perdidos.

Perdida,
a puta esboça uma defesa
mas é morta
por um policial
que lhe fez juras de amor.

Ninguém viu o crime,
testemunhas desapareceram,
transeuntes percorreram ruas
e a puta
se esquece pálida
ao meio fio
sem saber que rumo tomar.

AS MENINAS

As meninas putas se espalham pelos parques,
pulam com suas bonecas
e permanecem na República do Líbano,
onde os travestis se assassinam
e se decepam em cirurgias cruéis.

As meninas putas
não sabem que são meninas putas,
as meninas putas não sabem
que são meninas.

Homens enormes
rasgam as meninas putas,
homens enormes
rasgam as meninas.

Não há destino, nem poderia haver.
Não consolo, nem poderia.

As meninas putas trazem da boca pequena
a periferia das casas
a revista Capricho
de amores e juras imortais.

As meninas putas querem ser atrizes de TV,
mas são devoradas pelas imagens que não viram.

Na manhã, as meninas putas saem pela mesma porta,
mas nem se lembram,
lambem a própria boca, as meninas,
e ganham as avenidas,
param nas pensões,
aceitam morrer a qualquer hora,
encontram um amigo
e desaparecem na Praça Júlio Mesquita.

SANTA IFIGÊNIA

As putas da rua Santa Ifigênia
envelhecem
junto com os prédios
da rua Santa Ifigênia.

As putas se misturam nos prédios
e ninguém sabe
se elas pertencem aos prédios
ou se os prédios pertencem a elas.

As putas da rua Santa Ifigênia
são mais tristes
que as putas da rua Aurora.

É difícil ser puta numa rua
que tem nome de santa.

CIVISMO – 1

A puta diz num discurso
que gostaria
de ser deputada federal.
Mas ela não tem nenhum plano
compatível
com as normas vigentes no país.
A puta é aplaudida
e se retira
do plenário
com a consciência cívica
de ter cumprido o seu dever.

CIVISMO – 2

A puta diz num discurso
que gostaria
de ser deputada federal.
Mas ela não tem nenhum plano
compatível
com as normas vigentes no país.
A puta grita de desespero
e toma drogas
diante dos espectadores.
Depois ela se cala
e diz que nada mais
tem a comunicar.

CIVISMO – 3

A puta diz num discurso
que gostaria
de ser deputada federal.
Mas ela não tem nenhum plano
compatível
com as normas vigentes no país.
A puta passa pó-de-arroz
de antigamente
como se fosse uma atriz
e diz que seu discurso
devia ser publicado
no Diário Oficial.

CIVISMO – 4

A puta se comove
com a solidariedade da platéia
e promete ir a Brasília
para uma greve de fome
diante do Congresso Nacional.
A puta diz num discurso
que gostaria
de ser deputada federal.
Mas ela não tem nenhum plano
compatível
com as normas vigentes no País.

MULHERES DO SHOPPING

São Paulo, 1988

TELEVISÃO

Mulheres fantasiadas de pirata
mexem na vagina
e alisam os pêlos
mordendo a língua molhada
e o lábio inferior
vermelho de batom.
Um avião caiu em algum lugar
da Europa
e 102 pessoas morreram.
Rock e marchas fúnebres
tecem as paredes das novelas.
A atriz dá um beijo de despedida
no amor proibido.
O filme de 1953
molha olhos dramáticos
com palavras que não existem mais.

OS SANTOS

Os santos têm o rosto de gesso
e os olhos não brilham
como dizem os sacerdotes.
Os santos não fazem milagres,
por que essa gente se aproxima
com suas dores e feridas?
Os santos se escondem nos altares
e observam
os fiéis que entram e se ajoelham.
Os santos se comovem
e saltam entre os bancos,
joelhos, terços e lágrimas.
Na rua, os santos
desaparecem
e dizem que estão indo para o céu.

UM FRASCO DE PERFUME

Um frasco de perfume sempre
esconderá o fantasma
de uma mulher do século 19,
assim dama,
assim da rua,
como cigana,
a cartomante
e talvez a amante do rei.

Um frasco de perfume sempre
guardará a figura invisível
que penetra no quarto,

como um trapezista
que faz seu número,
assim mágico
do momento que não voltará.

Um frasco de perfume
será sempre
um frasco de perfume
guardado numa caixa de veludo azul,
talvez um corte
ou uma alcova de Paris.

CAVALOS

Imagens de cavalos galopam
entre os olhos e a realidade.
Cavalos compridos
como uma ponte,
tristes como uma mulher.
Cavalos velozes galopam galopam
se matam nos abismos
e devoram o jardim da memória.

O GATO

Imperceptível, o gato
atravessa a sala,
mostra os olhos tristes
para a visita,
se encosta nas pernas formosas
de uma atriz de teatro,

finge carência afetiva,
recebe um beijo sentimental
e come o passarinho
no fundo do quintal.

MULHERES DO SHOPPING

No shopping, todas as mulheres
casadas são suspeitas.
Andam devagar com olhos azuis
e pensam na vida
em silêncio.

No shopping, as mulheres casadas
sentem a vagina molhada
e umedecem os lábios
para um beijo impossível.

No shopping, as mulheres casadas
mostram os seios, as coxas,
a calcinha de renda
e de náilon.

Mordem a ponta dos dedos,
tomam laranjada e coca-cola,
lêem os cartazes do cinema
e suspiram de amor.

No shopping, as mulheres casadas
se esquecem
e tecem a tarde com perfume,

molham a língua
com um doce de chocolate
e deixam o bico do seio crescer.

No shopping, as mulheres casadas
procuram revistas e livros,
a blusa de Los Angeles,
os sapatos azuis
e até um vestido de noiva.

No shopping, as mulheres casadas
sugam o batom da boca
e desejam outros desejos
impenetráveis.

No shopping, as mulheres casadas
gozam em cada olhar
e depois ficam mais tristes.

AVIÃO

Às 18 horas e 15 minutos
deste domingo de abril,
o Electra da ponte aérea
passou bem perto da Lua,
mas aqui no Itaim Bibi
quase ninguém percebeu.
Parecia uma cena
que só um poeta saberia descrever,
mas isso também não tem
a menor importância.

DELÍRIO

Navio de sombras atravessa
a palma das mãos,
naves, espaçonaves,
automóveis e fliperamas
percorrem o infinito
da folha de papel.
Telegramas impossíveis
desejam palavras
e oferecem beijos amargurados.
Isso não seria quase nada
se fosse mera realidade.

O COMPUTADOR

O computador guarda na memória
uma declaração de amor
e a história de cinco paixões mal resolvidas.
O computador não chora por fora,
só chora por dentro
segundo a emoção de quem
mexe em seu teclado.
O computador é um sujeito sozinho.
Nas sextas-feiras à noite
ele é desligado
e esquece de tudo.
O computador corre o risco de morrer
de pneumonia
ou de tuberculose
como ia morrer Manuel Bandeira em 1910.
O computador marca todas as coisas,

mas desconhece a luz do dia.
Não usa perfume, nem brilhantina,
e nunca colocará uma gravata no pescoço.
O computador está triste,
mas não sabe comunicar.

AS FORMIGAS

As formigas tecem uma paisagem na folha,
abrem um buraco
com dentes finíssimos
e desenham manchas no infinito.
As formigas caminham em filas intermináveis
e constroem casas impossíveis
sem varanda e sem jardim.
Quando chove,
as formigas rezam
e dizem palavras que as próprias
formigas não entendem.
As pernas das formigas
são pequenos pedaços de celofane
que cavoucam a terra
e trituram uma maçã.
As formigas cantam o hino nacional do Brasil
e realizam paradas militares
com tanques e cães amestrados.
As formigas se reúnem todas as tardes
e tomam decisões comunicadas por ofício
ao presidente da República.
As formigas adormecem no inverno
e sempre sentem saudade,
mas nunca sabem de quê.

MOTIVOS ALHEIOS

São Paulo, 1983

MOTIVOS ALHEIOS

Os motivos são sempre alheios,
no corte, na mesa,
na poltrona onde pousa a revista inanimada
e os braços pendem para a morte.
Os motivos são sempre alheios,
palavra escondida
atrás da xícara,
onde o lábio deixa os dentes
e a boca inventa
sílabas frias como o sopro.
Os motivos são sempre alheios,
como os olhos que desvendam
e transformam os segredos
e se deixam vestir de terra
entre a pétala e o cimento.
São sempre alheias as circunstâncias,
não nos cabe responsabilizar,
nem discutir.
Os motivos são alheios
à nossa vontade,
um ato em palco aberto,

boca escancarada para dentro do tempo.
Dormem os insetos nas solas dos sapatos,
luas se derramam pelas paredes
e peixes nadam alucinados
contra as pedras de sal.
O aquário é tão grande quanto o oceano,
o argumento se desfaz
contrário à vontade e aos motivos.
Somos alheios a este fato,
o motivo fala mais alto
nas gargantas de cristal.
Os motivos são sempre alheios
à vontade do próximo:
o que vale é a postura que imacula o momento
e transforma a cena numa verdade
em que todos passamos a acreditar.

A SOMBRA

Para Carlos Felipe Moisés

Eu perdi minha sombra
no sábado de manhã,
quando tomava café no Ponto Chic,
no Largo do Paissandu.
Os pés pesam como paralelepípedos,
nos olhos brancos das pessoas,
nas unhas sujas de terra
e no cheiro de fumaça
e óleo diesel queimado.
Vou à Igreja dos Enforcados

e todas as velas acesas
não conseguem me refletir nas paredes.
O que foi feito de mim,
agora sem identidade e sobrenome,
à procura da própria cara
nas esquinas e nos bares?
Um homem sem sombra
é uma mosca sem asa.
A gente caminha pesadamente
pelos parques e não chega a lugar nenhum.
A feira da Praça da República
não tem sombras à venda,
embora todos se pareçam com elas.
Enfrento o meu destino,
minhas mãos brancas como um pano.
Perdi o rosto e a própria pele,
mergulhado neste instante cego.
Isso eu entendo perfeitamente
e não discuto mais.

RETRATO (I)

As mulheres que me amam
são sinceras como uma pomba.
Elas se queixam de dor de cabeça
e preferem amar uma vez por semana.
Todas têm um sofá de espuma
com enormes flores desenhadas.
Elas tomam comprimidos
e adormecem como estátuas.

Depois se levantam e abrem a manhã
atrás da cortina de tergal.
Eu observo o meu retrato na parede
e tenho vontade de morrer.

RETRATO (II)

Quando entro na sua casa,
tenho o cuidado de abrir a janela
escondida atrás da cortina de plástico.
Você fica sentada no sofá
e de vez em quando abre um pouco as pernas
para eu ver que você está sem calça.
Depois eu tomo um conhaque e fumo cinco cigarros
para começar a enlouquecer.
Você fecha a janela
que dá de frente para outros apartamentos
e volta para o sofá
diante da televisão.
Eu sento perto de você
e você abre as pernas silenciosamente.
Às 10:35 da noite você se deita
e eu me deito sobre você
com a fúria de um suicida.
Você levanta as pernas dobrando os joelhos
e eu enfio com força
sem nenhuma palavra e nenhum suspiro.
A respiração pára e eu saio de cima de você.
Tomo o cuidado de abrir novamente a janela.
Você liga a televisão e volta para o sofá.
Eu abro a porta e vou embora.
Na rua, tenho vontade de bater
com o carro no primeiro poste da esquina.

O ENCONTRO

Quando acontecer o fim da tarde
use o telefone para me avisar.
Não gosto de abrir a porta
e deparar com a noite na calçada.
Se você puder, mande um telegrama
avisando sua chegada.
Para mim todos os passageiros são iguais.
Se você vier de verde, será melhor.
Se não vier, será muito mais.
Quando chegar, salte em frente à locomotiva
para ser estraçalhada pelas rodas do trem.
Eu farei de tudo para processar o maquinista
e direi aos jornais e estações de TV
que ele é um assassino em potencial.
Não vai acontecer nada,
mas valerá o meu esforço e minha solidariedade.
Se você sobreviver,
vamos passear pela cidade,
onde estão as pessoas tristes.
Elas lêem jornais e revistas nos calçadões
e trocam olhares cúmplices e criminosos.
Acho que você afinou demais as sobrancelhas.
E que idéia foi essa de raspar os pêlos da vagina?
Você está muito pálida
como se fosse uma toxicômana sem salvação.
Além disso, seu olhar cansado
parece o olhar dos paralíticos da rua Direita.
Se você quiser ir embora, não esqueça de me comunicar.
É horrível acordar sem ninguém do lado da gente.
Eu vou dormir num hotel
e você aproveita a noite para fugir.

Leve sua faca e seu vaso de porcelana.
E também os seus vidros de esmalte e seu batom
[francês.
Se à noite você me enforcar com um fio de náilon,
a família inteira agradecerá por esse favor.
Caso contrário, a gente volta a se encontrar
no dia 13 de janeiro de 1986.

A NOIVA

Eu vi uma noiva vestida de branco
subindo os degraus de uma igreja na rua da Mooca.
Só então eu me lembrei que era sábado
e de dentro de mim olhei para a moça emocionada,
flores nas mãos,
e de dentro de meus olhos
percorri os rostos das pessoas na porta.
A noiva subia devagar
entre os olhares,
bocas, dentes, chapéus,
unhas esmaltadas, suspiros e lágrimas.
Eu olhei a moça e me emocionei
não sei exatamente por quê,
quando vi seu sapato branco
seu rosto branco olhos brancos mãos brancas,
senhores de olhos brilhantes
e mulheres apaixonadas lembrando as núpcias antigas.
Depois apareceu uma mancha de sangue
no vestido da noiva
e ela deu um grito que o trânsito parou.
Ela parecia um pássaro ferido
e o sangue escorria de sua veia do pescoço,

saltava dos seus olhos vermelhos
e de sua boca roxa
de dentes verdes como uma manhã que não vem.
Depois ela caiu na escada
e o sangue espirrou no rosto de todas as pessoas
que permaneciam na porta do templo.
Depois veio uma ambulância
mas não conseguiu passar com sua sirene.
Os dedos da noiva caíram na guia
e os gatos brigaram por eles.
Por fim a noiva abraçou seu próprio corpo,
como se fosse uma criança doente
e esqueceu as palavras que tinha decorado
para cortar seu bolo de açúcar e chantili.
Seu rosto virou uma pasta negra
e seu vestido branco se enfureceu
rasgando suas pernas em três pedaços.
No último degrau ela acenou às suas amigas
de braços dados e entrou na igreja.
Lá de fora eu me emocionei
porque me lembrei
não sei exatamente do quê.
A noiva da rua da Mooca,
desta tarde paulistana,
tinha olhar de ave.
Agora, perto das 23 horas,
ela já deve estar deitada
mastigando esta noite de sábado
como se fosse uma fruta molhada.
Eu também vou dormir.
Desligo a televisão e me olho no espelho
que vou arrebentar com um soco,
na esperança de que um caco de vidro
me corte o pulso de uma maneira fatal.

REGINAMAR

Reginamar era duas mulheres,
uma que não era e outra que também não.
Não sei se realmente a amei.
As vezes que entrei nela
tinha a sensação de estar com ninguém.
Seus seios eram espessos
e não cabiam nas minhas mãos.
Suas pernas eram pequenas
e seu sexo apertado.
Entre dores mútuas,
deitávamos um sobre o outro.
Eu entrava nela como um bandido
e ela abria as pernas
como a porta de uma igreja.
Reginamar nunca soube o que aconteceu:
quando ela abriu os olhos,
eu já estava dentro de sua pele.
Não teve tempo de se defender,
mas gostava de ver minha saliva
escorrendo no meio do seu corpo.
E por nunca ter compreendido,
e por ser duas mulheres ao mesmo tempo,
foi-se embora para o Norte,
deixando São Paulo sem lembranças nem saudades.
Casou-se sábado passado, dia 29,
com outro que conheceu há alguns meses.
Não restou nada nem de mim nem dela.
Nem uma palavra,
um aceno,
ou uma carta.
Era uma paisagem apagada,

floresta de árvores tristes
e peixes mortos.
Casou-se por vingança.
E antes que eu me suicidasse,
como era de meus planos,
resolvi tomar um porre,
do qual estou me recuperando só agora.

HISTÓRIA

Quando eu conheci Maristela,
ela disse que tinha um namorado mineiro.
Mesmo assim partiu comigo
para uma viagem de ônibus ao Nordeste.
A segunda vez que eu conheci Maristela,
ela disse que estava noiva de um astronauta.
Mesmo assim partiu comigo
para uma viagem à Argentina,
onde compramos pêssegos e perfumes.
A terceira vez que eu conheci Maristela,
ela disse que tinha se casado.
Mesmo assim partiu comigo
para várias distâncias.
A quarta vez que eu conheci Maristela,
ela disse que tinha se desquitado.
Mesmo assim partiu comigo para o Amazonas,
onde compramos três rádios de pilha
na Zona Franca de Manaus.
A quinta vez que eu conheci Maristela,
ela disse que tinha se divorciado.
Mesmo assim partiu comigo
para Fortaleza, onde nos devoramos

durante quinze dias e quinze noites.
Na sexta vez que eu conheci Maristela,
ela disse que estava disponível.
E partiu comigo para o Paraguai,
onde me pediu em casamento.
Na sétima vez que eu conheci Maristela,
ela disse que tinha ficado viúva
e colocou veneno
no meu chá de erva-cidreira.

OLHOS BRANCOS

Olhos brancos, cegos.
Que ave vazou a vista?
Olhos brancos, nulos.
Pano cobrindo pálpebras,
mãos perdidas, é verdade.
Olhos brancos, ocos.
Que vida acalma
nas penas do pássaro
do vôo inútil
no fim da tarde?
O coração se fecha, fôlego.
A vértebra parte
e a porta escancara.
Olhos brancos, quietos.
Noturno corvo bica o chão, sonho.
O cheiro de violeta,
a folha de hortelã,
o caule da hortência.
Olhos brancos, sombras.
Que presságio atravessou o dia

e calou no fundo da sala
o corpo calado na poltrona?
Olhos brancos, mortos.

DOSE EXCESSIVA

Os jornais mostram fotos de ontem
que nada têm a ver com o agora.
Está tudo velho
e entre os móveis da minha sala
há uma tartaruga andando devagar.
Eu não sei por que tenho uma tartaruga na sala.
A revista me mostra uma mulher,
mas eu não me atrevo a percorrer suas páginas.
A gente se perde
olhando os cantos das paredes,
adivinhando as teias de aranha.
Há um livro fechado com celofane
e sei que as palavras são inúteis.
Todo o tempo passo contando os números
do calendário,
os dias estão mortos
mas não é por isso que eu vou me desesperar.
As pessoas se calam na calçada
e andam todas em fila
batendo os corpos nas portas de ferro.
Mas não é por isso que eu vou me desesperar.
Há muitas outras razões que me fazem viver
enquanto as janelas se fecham
e os minutos se esgotam nos relógios.
A serpente corre pelo peito

e o fogo queima as pontas dos dedos,
onde as unhas continuam crescendo.
Agora os móveis se movem
e eu acho que exagerei.
Muitas histórias terminam
com uma dose excessiva.

EM LEGÍTIMA DEFESA

São Paulo, 1978

EM LEGÍTIMA DEFESA

O que degola o pescoço
não é a navalha
nem a foice,
mas o brilho do sol.

Tantas vezes me vi aqui
no espelho das imagens
e me calei
não apenas por ter um arame na boca,
mas também por medo de ser encurralado.

Dentro da cela há muita calma
mas os interrogatórios são giletes encostadas
nos fios e nos testículos.

E enquanto se puder gritar,
há palavras para dizer.
A morte vem aos poucos
e pode se mostrar na janela
quando você acordar e abrir os olhos.
Na morte e na cela há muita calma

mas nem tudo pode ser assim.
Alguma vez a sombra do rosto
se transforma em sangue
e se espalha pelo quintal,
nos pés e nas avencas.
Então você confessa
todos os crimes necessários
e pede clemência aos quepes e às botas
que esmagam as flores.

Na clemência há muita calma,
mas nem tudo pode ser perdoado.
Há crimes apenas pensados
que podem fazer parte do processo.
Então quando você se encosta na janela,
depois do choque e da dor,
você verá que o mundo vive lá fora,
pode não ser o mundo que você pensou,
mas vive com pessoas que não sabem.

Na janela há sempre muita calma,
mas as grades são como dentes
mastigando o aroma da vida que se consome.
E quando lhe acharem imóvel,
olhos abertos à paisagem do campo
com uma corda no pescoço,
é preciso que fique bem claro
que se agiu em legítima defesa.

A CAIXA DE FÓSFOROS

A caixa de fósforos sonha
com um incêndio que comece
no 31º andar.
A caixa de fósforos
de fina madeira
como dizem os marceneiros
serve para acender cigarros
incendiar os dias
a cutícula das unhas
os cílios dos olhos
e as pombas da igreja da Consolação
que até agora
não pertenciam a esta paisagem.

QUASE FATO INUSITADO

O poeta acaba de escrever
seu desesperado poema
e tem vontade de se matar
mas não encontra uma forma
convincente e honrada para tanto.

Comove-se com sua fragilidade
e repensa o anteriormente pensado
com mais nitidez.

Não se ouve aconselhar,
nem se permite aparentar calma
para suavizar a paisagem da manhã.

O poeta acaba de escrever
seu desesperado poema
e pensa em devorar em si mesmo
a ternura
para nunca mais praticar hediondos crimes
permanecendo entre as paredes
de sua sala com um revólver na gaveta.

A CIRANDA

Ciranda roda reminiscente abismo
a infância ah, por que
dizer se proibido está o jardim?
Carlitos tela enegrecida
o tempo passa meu amor
despassa a ferro a roupa o brim
o zinco
deste copo para desintegrar
ah, por que se fez e não se fez
e não
mas por que o parque coberto de tédio?
A morte é simples como um punhal
atua nos sentidos
plantas folhas
a casca meu pai da tua ferida descoberta
ah, por que
se não estás longe do dia
do calendário de números impossíveis?
A cama dorme o rio emerge peixes doloridos
de olhos parados e tristes
como de bois nas planícies
aves mutiladas pelo fogo

a tarde é tanta a dor é tanta
que escondemos receios recados angústias
pedidos apelos circunstâncias
não sabemos no entanto:
terra e raiz latas brincos rostos
anseios tentativas
tudo se esvai o sono termina
ah, por quê?

          O UMBRAL

Vai além da dor pai
o corredor enorme que se perde
no fim da última porta
e acabas de morrer tua semente de sempre
para o espanto de todos nós
que é feito do teu sapato
ah dos pássaros das fontes das mãos?
Os dedos são finos e pele branca
e teus olhos fechados com algodão
o cheiro do álcool clorofórmio
conforme a hora da tarde estendias
para teu céu as pombas da janela que pedias aberta
e os automóveis não sabiam do teu leito
nem a mulher vendendo as flores
para teu vaso de porcelana
o telefone pai toca a distância das pessoas
e as pessoas se falam como se amassem
não procura pai o fósforo
a luz do quarto o trinco da porta
a veneziana se fecha a cortina é branca
e os corredores falam uma linguagem

de medo e sombras
não procura mais abrir os olhos pai
que tudo terminou acabou findou
o verbo morreu na tua garganta
e aperto teus dedos
como se não quisesse e não entendesse
não como antes
os relógios mortos em paredes invisíveis
e teu rosto debaixo do lençol
cala cala cala pai a dor de teu peito
e me abraça na tua morte
as terras de teus mares distantes
teu país tão longe
fecha a janela pai
que não temos mais nada a fazer aqui.

A CIDADE (I)

A cidade se esconde no meu bolso
nesta hora da noite
com suas mulheres de vermelho
a sua fina chuva
molhando as crianças
está no meu bolso o medo de mover-me daqui
de onde olho a semente do ódio nascer
entre os bares e lâmpadas apagadas.
O relógio do Estado marca 2 horas
mas deve ser muito mais
e a rua São Luís tem um cheiro azedo
de árvores arrancadas e ônibus elétricos
de automóveis e motocicletas
garçons agora limpam os balcões com sabão em pó

e molham as camisas brancas na espuma
que cresce como um sonho
as mulheres brigam
e crimes se cometem em apartamentos apertados sem
[luz
assassinatos que os jornais registrarão
e que eu provavelmente não lerei porque estarei dor-
[mindo.
Atropelados tentando se salvar
numa inútil busca da calçada
mas os ônibus passam por cima e eles desaparecem
dentro dos bueiros diante dos ratos
a Biblioteca Municipal é um túmulo
e Mário de Andrade não saberia disso
porque ele morreu em 1945
e quando uma pessoa morre
principalmente um poeta
ela não sabe de mais nada.
Mas a biblioteca Mário de Andrade é um túmulo
com casais encostados se masturbando
e a cidade está definitivamente adormecida
com seu dorso molhado de sangue e chuva
escondida no meu bolso
como um peixe que acaba de ser fisgado
e vai morrer sem nenhuma defesa.

POEMA DE UM TEMPO URGENTE
NO PARQUE DO IBIRAPUERA

A paisagem seca no rosto das pessoas
a igreja parada na sua morte
prédios e fotógrafos sirenes

o cheiro da vela a memória
a praça onde pombas bicam o cimento
e os homens
a paisagem seca com azeite escorrendo dos olhos
fervendo a ferida
serpentes se esparramam entre os pés
mas as pessoas estão todas mortas por dentro
e por fora ensopam suores gravatas camisas
o altar o sacerdote
a faixa a família a liberdade
não lembrem neste instante em que Deus observa
as salas de pouco ar ligadas por fios torturantes
as palavras mudas em silêncio
canivetes junto ao ventre
dentes rangendo a dor do soco
o seco depósito de abraços cortados
a caixa na terra com o resto do que foi um homem.
Não foi para isso que se abriram as portas
os aviões subindo e os automóveis correndo
nas ruas molhadas
(a sirene é uma serpente escondida)
não foi para isso então que se calou a voz
e se enlaçou o corpo num instante de horror.
A seca paisagem nos olhos das pessoas
na barba por fazer na roupa amassada
no lápis no caderno
no beijo triste do amigo morto
no telefonema apressado.
Não foi para isso que viemos
não foi para isso que aqui estamos.

A CIDADE (II)

Parada tarde na boca dos policiais
que policiam a cidade e as ruas cheias de vitrinas.
Casacos de lã e bolsas cheias de esperança
são vendidos a preços convidativos neste inverno.
Os casais se abraçam nos bancos
as igrejas têm portas abertas
e santos comovidos dentro de seu silêncio de cera.
Não faz muito tempo que as palavras
caem dos lábios
das mulheres tristes da Nestor Pestana.

POEMA NO HOTEL NACIONAL DE BRASÍLIA

Em Brasília tudo é grande,
as mulheres são grandes,
as portas são grandes,
os hotéis são grandes,
as praças são grandes
e têm poderes também grandes.

Em Brasília tudo parece um navio,
de tão imenso e amplo,
os pratos são grandes,
os restaurantes são grandes,
as camas são grandes
e grandes são as ruas imensas
que nunca têm fim.

Em Brasília tudo é frio,
as pessoas são mais frias que as de São Paulo
e de Minas Gerais,

e parecem que estão no Paraguai,
andam sem se olhar
se batem e não se percebem,
como na rua Barão de Itapetininga.

Em Brasília um Volkswagen
parece um transatlântico,
e só falta um oceano
para tudo ser maior ainda do que já é.

Em Brasília tem gente do Pará, de Pernambuco,
do Piauí,
do Amazonas, de Sergipe, do Rio Grande do Norte,
de São Paulo, de Santa Catarina
e uma porção de outros Estados.

Em Brasília a noite é triste,
a gente ouve um avião e fica sobressaltada,
pensando em quem poderá estar chegando.

Em Brasília os carros pretos
estão sempre circulando
e as moças vão rezar na catedral.

O SANTO DAS PESSOAS DESESPERADAS

Na passarela do Vale do Anhangabaú
eu vi hoje cedo pessoas escondidas da vida
embrulhadas no *Notícias Populares,*
Diário, Folha e o *Estado de S. Paulo*
depois que atravessei o Vale
percebi que minha linguagem estava solta e simples

como um vidro quebrado que a gente passa no pulso
para abreviar os dias futuros.

A linguagem
se fez tão próxima do poema
como se fosse uma imensa raiz furando
cada vez mais a terra para alimentar-se
e fazer da árvore um guarda-chuva.

Está doendo a dor das sombras
e a manhã é fria e clara como um lago
onde patos poderiam nadar seus silêncios.

Nada disso há no entanto
apenas as folhas de jornais as bancas de revistas,
o Teatro Municipal e a rua Barão de Itapetininga
repleta de gente de paletó escuro
e moças de vestidos compridos até o joelho.

Eu não queria dizer assim
era preciso eu acho dizer
mas o quê?
Atravesso entre os automóveis,
meu rosto magro,
meus dedos compridos como um lápis.
Mas isso não era para entrar no poema
era apenas para ser lembrado
enquanto meu corpo se arrasta
como um caracol
que procura uma folha úmida.

Depois eu vou à igreja de São Judas Tadeu
que todos dizem
ser o santo das pessoas desesperados.

4 CANTOS DE PAVOR E ALGUNS POEMAS DESESPERADOS

São Paulo, 1973

PRIMEIRO CANTO

Os negros cavalos caminham oito vezes
em nossa volta,
como se fôssemos o acordado sol
desta noite
ou fôssemos a branca solidão
cortada em fatias de chumbo.

Os negros cavalos, oito cavalos,
cavam ferraduras e dentes
e cavam e cavam o incêndio desta morte
e destes ferros retorcidos, desastre de fogo,
fogueira queimando a pele e nervos.

Eu não queria me aproximar
dos cavalos que pulam a noite,
nem queria abraçar com meus braços gelados
as giletes de gelo ou a chegada
do que se fez ausente

neste minuto de coisas desaparecidas,
mas eu queria aguardar,
ou dizer do poema,
que emerge e murcha e cala e consente,
deixando de ser para sempre.

Taturana tatuagem caminhando na pele
grilos e silvo a salvo e o salto
empreendidamente
pulado do anseio e do que se deixou de fazer.

O forno a forma e a fôrma
apenas o acento separando as palavras
e não é isso que eu queria dizer:
queria inventar o vôo o invento o vento
a vida
o vômito o verbo.

Os cavalos fogem e chovem e rodeiam sobrados
e fogem e fogem e chovem a chuva.
Os cavalos mastigam os últimos sonhos
e nós nos desesperamos.

São oito cavalos, oito horas da noite,
galopantes em relógios antigos,
pisando as florestas fechadas.
Que longa taturana é essa,
esplêndida dor peluda dor
no incêndio
e na datilografia do poema?
São oitenta cavalos
cavando nossos túmulos.

Os negros cavalos amanhecem gengivas
de sangue
e cortam dentes de ferro
nas sombras apagadas
de nosso silêncio.
Os cavalos da noite são oitocentos,
são oitenta mil e oito
os cavalos da noite.

SEGUNDO CANTO

Avanço encostado nas paredes,
como um assaltante extraordinário.
Lâmpadas ardem mosquitos mortos.
Prédios acompanham o movimento,
policiais brincam de bater em mulheres.

A injeção penetra
e seu líquido se esparrama no meu corpo.
Figuras se misturam nas carnes
e ouço palavras.
Pernas se contorcem,
braços se contorcem,
seios se contorcem.
Com um revólver invisível entro na pensão.
Os pratos estão expostos.
O alimento, o comprimido, a farmácia.
No meu receio percorro corpos em fuga,
como se pegasse um trem de repente
e partisse para outra cidade,
onde por certo conheceria muitas pessoas,
iria a um circo, a um parque ou mesmo a um cinema.

Mas dentro de mim estaria uma sala de homens infe-
[lizes.
Numa tarde de domingo, poderia jogar futebol.
Mas eu sei o que estaria dentro de mim
e da população.
Por isso, calo a boca e sigo.
O trem vem vindo e a hora é tão próxima.
De nada valerá esta observação
E esta sensação terrível das coisas.
Tenho medo do muito espanto,
deste fermento crescido como uma noite,
ou como um ônibus em alta velocidade
que cai de uma ponte.
Tenho medo dos que garantem suas cadeiras políticas.

Tenho medo das tentativas que morreram,
deste noticiário exclusivo, desta cadeira de rodas,
dos médicos, dos engenheiros e dos homens de 93 anos.
Tenho medo da missa e dos santos prometidos.
Tenho medo deste dia 29 de abril do ano da graça de
[1965.
Tenho medo pelos escriturários, pelos torneiros mecâ-
[nicos,
pelos seminaristas,
pelos operários, comerciários, industriários etc.
Tenho medo de ti, que num momento de angústia
poderás vender a minha vida para viver um dia a mais.
Tenho medo dos embaixadores das nações amigas.
Tenho medo da Bolívia, da Venezuela, da Argentina.
Tenho medo de Cuba.
Tenho medo por minha irmã, Rosa Maria,
e pelo mendigo Josué da Silva Guimarães, que vai
[morrer amanhã.

Tenho medo pela Praça Ramos de Azevedo,
pela Biblioteca Municipal Mário de Andrade
e pelos subúrbios da Estrada de Ferro Central do Brasil.
Tenho medo pelo meu emprego e minha vaga de
[cidadão comum.

Eu, poeta numa geração que nasceu morta,
tenho medo.

Com meus nervos cortados a navalha e ferros e aços
[e giletes,
entro no meio da noite com um grito de dor,
e me atiro contra os que vieram me salvar.

Tenho medo, sim,
deste rádio, desta comunicação permitida.
Tenho medo de sair às ruas e de voltar para dentro,
de continuar a viagem e de indagar alguma pessoa.

A salada está pronta,
diz a dona da pensão, uma mulher triste,
que usa óculos de lentes grossas.

A SALA

A sala estendida no seu estilo:
um quadro na paisagem morta,
da morta sala,
salta e some na paisagem viva
da casa.

Estendida entediada
no seu corpo,
seu ar sem sol,
a sala.

No pássaro embalsamado,
na viva calma
da paisagem morta do quadro,
a sala salta sôlta
e solta
a sombra do seu jazigo,
toda e completamente
estendida no seu estilo.

A sala no seu alicerce,
a sala e seu cliente.

A SEMANA

Amanhã acordaremos a segunda-feira
a segunda morte da semana
a segunda e sétima vítima
a trigésima segunda o quê?
Amanhã será domingo
e isso equivale dizer que ontem foi sábado
e depois foi sexta-feira.
As mulheres com lenços e filhos na cabeça
compraram arroz e óleo em lata
e muitas preferiram espanhol ou português
por causa do sabor.

Amanhã será quinta-feira,
o dia em que ouviremos nossos vizinhos
e até
seremos capazes de chorar com eles.
Na quarta-feira enterraremos
nossos corpos no tanque atrás da casa.
A terça-feira será outro dia
e ninguém sabe informar.
Veja o crime acontecido ontem de madrugada.
O ônibus atropelou o sonho azul e amarelo.
Trazia um sol dentro do peito
e não percebeu que andava de velocípede
num tempo
de féretro.
Mas amanhã será outro dia,
acredite,
por favor, nós pedimos:
amanhã será assim como sempre foi desde o outro ano,
o outro dia, a outra certeza de não ter sido:
amanhã acordaremos
mas quem abrirá a porta do túmulo?

FOTOGRAFIA

Está lá a praça, lá as pessoas perdidas,
lá a orquestra e os soldados aflitos.
As pessoas mastigam o domingo
com a fome de uma igreja.
Uma mulher desmaia no canteiro
dizendo que o inferno é como a Praça da República
ou igual à cidade incendiada no seu colo.

Continuam lá no jardim a flor desnecessária,
o solo e o soluço.
Continuam lá a praça dentro do cofre,
a autoridade, o suicida, o crime.
Duas mulheres se beijam na boca
e se enfiam as mãos.
Ninguém ainda se comoveu o suficiente com a cidade,
isso é que dá raiva.
Não existem mais sacerdotes para salvar os pecadores.

Continuará lá para sempre no bolso,
no dorso,
continuarão para sempre
os dedos martelados o lodo a flama
o filme para sempre as tristes mulheres amadas
às cinco horas da manhã,
para sempre continuarão.

POEMA EM TRANSE INVERTIDO

O poema
em seu ponto de origem:
um fio cortante,
a seiva,
um desmaio,
o alimento,
a dívida
numa dança de muitas visões
e anjos.

Que sombra é esta
em grandes olhos multicolores?

Uma ave?

Ou um assobio,
um silvo grave
no azedume do lábio,
uma delicada composição?

Nada.

Senão, o que necessariamente
o exato poema
invertido,
fechado em suas entradas,
o exato poema
circunscrevendo
em círculos,
assim como quase tudo
que se vê se experimenta,
que se introduz,
uma emoção mais aguda
ferindo a fúria do amor,
uma dor mais densa?

Uma dança?

O poema,
desespero da asfixia,
falta de ar
mais densa,
ou mais terrível,
ou quase nada,
ou quase tudo,
ou quase sempre,

ou quase volta,
o ciclo em espiral sem ponta,
a náusea,
necessariamente perfeita,
a angústia
na estrutura do poema
e o delírio,
de muitas células,
um corte brusco
no fim,
o que de mais certo,
ou de mais terrível
e certo.

Ou quase isso.

O poema, no seu final.

Ou quase isso.

E certo,
ou de mais terrível,
o que de mais certo,
no fim,
um corte brusco,
de muitas células,
e o delírio
na estrutura do poema,
a angústia
necessariamente perfeita,
a náusea
em espiral sem ponta,
o ciclo,

ou quase volta,
ou quase sempre,
ou quase tudo,
ou quase nada,
ou mais terrível,
mais tensa
falta de ar,
desespero da asfixia,
o poema.

Uma dança?

Uma dor mais densa
ferindo a fúria do amor,
uma emoção mais aguda
que se introduz,
que se vê e se experimenta,
assim como quase tudo
em círculos
circunscrevendo
o exato poema
fechado em suas entradas,
invertido,
o exato poema
senão o que necessariamente?

Nada.

Uma delicada composição
no azedume do lábio,
um silvo grave
ou um assobio?

Uma ave?

Em grandes olhos multicolores,
que sombra é esta?

E anjos
numa dança de muitas visões,
a dívida,
o alimento,
um desmaio,
a seiva,
um fio cortante.

Em seu ponto de origem:
o poema.

POEMA EM TRANSE INVERTIDO

O SERMÃO DO VIADUTO

São Paulo, 1965

O relógio é um órgão metálico em nosso pulso.
Todos ergam as mãos e chorem as mães,
o sermão do viaduto vai começar:
o trigo subirá à pedra para a espiga do homem
e existirá no rosto das estátuas.
Eu exigirei o retorno dos fugitivos da vida.
Nós vamos amarrar símbolos de ferro nos pés
e gerar outro sentido da planta.
É preciso cavoucar no silêncio que se fez na língua da
 [escravidão:
vamos à passagem, ao deserto, expulsar do caminho
 [a sombra do cactus
e cobrir as chagas com o coração.
Sim, eu amarei com a dor de um parto,
e estarei pleno de minhas convicções
para chorar um dilúvio em outra época e erguer a
 [estrela que caiu.

Nós vamos ouvir as profecias da solidão
e tirar uma fotografia mais sozinhos para depois,
 [ainda mais sozinhos,
irmos à porta de um convento pedir
que abram a igreja a qualquer hora da noite.

Nós iremos à fonte lavar a alma e enterrar uma
[angústia num poço.
Na galeria de um espaço qualquer,
iremos colar os cacos dos corpos dos amantes amaldi-
[çoados.
Sim, este sim batendo nas portas do cérebro
e esta reviravolta no pressentir que a vida está indo
[embora.
Vamos indo sim para o sistema de ir sim,
vamos censurar a censura dos ditadores,
vamos beber limonada numa tarde,
sentados num túmulo sem forma.

É preciso soldar os corações com chumbo.

Eu falo em nome de todos os tristes,
peço a construção de novas catacumbas
para os fugitivos do século vinte.
Vamos amanhã a uma cidade destruída
esconder nosso sentimento num buraco,
no canto mais ermo do mundo.
Depois acenderemos a vela com a cera do percurso:
o porto é sempre o início.
Nós perdemos a concepção de ignorar,
a participação não define a posição dos inocentes.
Eu irei à mistura das organizações tomar partido
e a um parque brincar de ser mais triste.

A palavra do viaduto é a palavra do século,
o sermão do viaduto é o sermão dos verdadeiros.

*

Nós somos meninos homens correndo atrás de defi-
[nições
e é absurda a nossa justificação
e é tão absurda a nossa inteira responsabilidade de
[encontrar a fórmula do mundo.
Nós estamos entre os perdidos, somos os que preci-
[sam de trigo,
num grande campo semeado.

Eu estou desacreditado de minha mãe,
Deus não acredita mais em mim.

Somos meninos falecidos dentro da caixa de outro
[tempo:
nós ficamos sozinhos numa ponte,
nós somos a elegia de um Deus só,
somos os que possuem dogmas,
somos os construtores de ergástulos,
os despidos de presença.
Em nosso haver incluiremos outras dívidas,
em nossa esperança outra esperança,
em nosso pranto a gestação para parir uma saudade.

*

Serraram o meu coração
e puseram um pedaço menor no bolso muito escuro
e o maior para continuar:
deixaram gelo no corte

e permitiram que alguém tocasse com um estilete.
Esconderam o ponto central, onde eu guardei a ternura.
Serraram meu coração
e colocaram vidro de garrafa enfiado num pequeno
[sonho de participar
e amassaram com o ódio de todos os outros a espe-
[rança da reconstrução,
e encheram de terra tudo o que tinha de vazio
e seus véus dependuraram na cerca da noite.

*

Eu buscarei os que não foram chamados:
quero a casa trancada com o vazio do coração
e as avenidas cobertas das folhas
e um sino batendo numa pequena cidade, sozinho.
Quero as mãos da menina
que ficou com a estrela que disse ser dela.

A arquitetura do céu é muito mais complexa.

Eu procurei amor no meio da multidão
e pretendi justiça, e fiz um discurso de silêncio,
erguendo minhas mãos para as rachaduras dos templos:
mas vi a escuridão do mundo bater em meu rosto magro.

*

Tiraram tudo: agora eu me sinto envolto numa sombra,
rodopiando por uma linha indefinida,
ouvindo o barulho mais triste

de um relógio que não deixaram.
Eu sou mesmo um solitário
e é verdade a afirmação do menino que disse chorar.
Eu estou catando o mundo,
eu vou ficar chupando uma bala de esquecimento
para encontrar uma definição:
eu acho que a solidão é Deus.

Agora a haste é de arame e as flores de lata murcha-
[ram todos os corpos.
Eu agora estou num alpendre que não diviso,
procurando um prego para me colocar na parede.
Quero pintar meu coração com cal,
rabiscar com uma ferramenta meu rosto e endurecer-me
[no granito.

Eu estou onde não estou,
eu sou mesmo um solitário,
eu acho que a solidão é Deus.

Os barbantes cercam meu coração,
o frasco de existir está na solidão, minha alma está
[num hospital.
Todos estão dentro de um cartucho
e os institutos das formas e fabricações de leis
exploram gráficos da destruição.
A potência ilimitada da bomba não poderá matar as
[crianças.
O mundo é um cortejo, onde resta demolida a estru-
[tura da razão,
onde as flores são de chumbo e pesam como a chuva.
Eu vou dizer que a mensagem não se converteu.

*

Nós somos quase póstumos
e este vazio do coração é o grande vazio da vida.
Somos os que ficaram na ponte, com uma pedra amar-
[rada.

Eu vou ao casarão esquecido na vila amar uma mulher
[doente
e trancarei todas as muralhas de um castelo muito
[antigo.

É preciso cavoucar nos barrancos
e desenvolver a germinação das flores
com a semente virgem da antecedência.
Vamos à tumba das mães carregados como um fardo.
Eu esperarei os últimos profetas metálicos,
eu esperarei no muro mais alto com um carvão,
para chamar Deus encostado num templo.

TEMPO FINAL

São Paulo, 1964

ÚLTIMO

Que a tumba de minha aparição
seja o último leito da vida que tenho,
mesmo banhado e sujo de lodo,
mesmo que minhas mãos
arranquem da terra a semente plantada,
mesmo que o grito
caia dentro do mundo.
Mesmo que minha angústia morra dentro
da laje fazendo renascer
meus sentidos sem tempo.
Que o céu se arrebente em pranto,
que as lágrimas vermelhas de Deus
caiam em chuva sobre meu corpo.
Mesmo que o grito de todas as pessoas
ressoe nos meus ouvidos distantes.

Que a terra de minha aparência
seja o último tempo.
Não há de restar uma só palavra.
Estas mãos estão sem nada,

e estas plantas fazem de meus olhos
a noite mais profunda
imperfeita para a sombra em que viverei.

Que minha dor de estar morto
seja a última coisa,
a herança para meu filho inexistente,
para a mulher que me abraça,
pedindo a perfeição do mundo.
Que nada se veja
quando meu corpo estiver passando,
dentro de uma caixa preta,
embrulhado como um presente para o inferno,
como relíquia perdida dentro de um buraco.

DE MIM, O FINAL

Não existe meu corpo nesta hora
e não ouço palavras anônimas.
Esta chuva chorando sangue,
gritando ausências de árvores,
esta falta de terra entre os muros,
estas paredes levantadas sobre mim,
como se bastasse o além da morte,
como se o princípio fosse morto,
como se mãos não acenassem ao vento.

Meu silêncio entre coisas noturnas,
meus pés batendo pedras,
minhas mãos cravando unhas em gargantas
que silenciaram,

fazendo de minha estética racional
o notívago símbolo do desespero,
quando me é preciso o grito das palavras.

Não esqueçam de matar a noite,
e tragam o sangue da madrugada
fervido em copos de lírio,
porque minha morte será pedra
entre as pedras que há,
e meu resumo impossível
nas possibilidades de viver.

NÓS, OS ÚLTIMOS

De volta ao ventre, o símbolo
transparente de minha angústia,
como se tudo bastasse para deixar
meu rosto sem olhos, sem boca e palavras,
como se todas as coisas estivessem
mortas na laje de pedra sem cor.

São estas as mãos que estão sem nada,
que só servem para acenar ao ônibus.

Entremos numa igreja, choremos dentro dela,
encostemos nossas cabeças na parede,
pensemos ser lâmpadas apagadas,
para que ninguém olhe.
Depois gritemos enrolados nos bancos,
saiamos mastigando tapetes
e morramos no primeiro degrau.
E quando todo mundo vier

sentir de perto a morte exata da existência,
abramos os olhos e choremos por nossas mães,
abramos os olhos e procuremos agarrar o tempo
com as unhas dentro dos dedos
caindo uma a uma,
construindo no cimento a palavra
que nunca ninguém irá entender.

Nossa angústia de ainda estarmos vivos
acontecerá no vidro da janela fechada,
no vidro da janela que nunca teve vidro.
Acenaremos para aqueles que nunca foram,
esperaremos os que nunca partiram,
teremos os ossos fracos,
a respiração sem ar.

Quando todos estiverem dormindo,
assaltaremos nossas vidas,
roubaremos nosso coração,
tiraremos nossa pele
e poremos tudo dentro de uma caixa.
Então
haveremos de chorar inconformados,
gritando, gritando, gritando cada vez mais.
Estaremos num porto sem nome,
entraremos no primeiro navio
e desapareceremos pelo mar adentro.
Chegaremos no fim
e muita gente estará esperando por nós,
mas ninguém estará entendendo por que chegamos.
Estaremos com a mala de nossas vidas
numa das mãos,
teremos as outras unidas,
uma única segurando a existência.

Haverá outro cansaço e procuraremos
voltar pelo mesmo navio,
mas ele terá desaparecido,
e o porto onde chegamos não estará mais,
e teremos mil olhos nos espiando,
e correremos pela cidade.
As malas nas mãos, nossas vidas
caindo no meio da rua que será estreita,
todos irão colher nossos restos,
nossos olhos caídos numa pedra,
nossos cabelos plantados na terra,
nossos pés perdidos na poeira escura.
Procuraremos um bar,
entraremos para fumar e beber a morte
num cálice preto,
mas não haverá ninguém que nos atenda.
Sairemos à procura de um hotel,
procuraremos um rádio para ouvir notícia,
e ainda assim não compreenderemos o porquê
de tudo que nos rodeará.

Exaustos de nossa fuga,
ajoelharemos numa escada,
e sentiremos que não existe Deus
nesse lugar, nem o infinito de nós,
nem chuva para afogar nosso remorso.

Procuraremos o cemitério da cidade,
entraremos pelo portão,
descobriremos nosso final.
Dentro haverá um único túmulo
esperando por nossa visita.

Levaremos flores, as mais mortas,
leremos a inscrição inútil,
e veremos nossos nomes escritos erradamente,
a data de nosso nascimento mudada.
E quando quisermos voltar,
haverá uma multidão de mutilados na porta,
e teremos que pular o muro do outro lado,
e tudo estará cercado entre nós.
Pela última vez haveremos de nos agarrar,
construir uma árvore, cobrir nosso frio com folhas.
Depois sentiremos nossa lágrima
como chuva que nunca tivemos.
Construiremos um barco,
ressuscitaremos dentro de um templo
onde todos estarão rindo de nossa presença,
onde não caberá lágrima que nos envolva.

E muito antes que surja a manhã,
convidaremos todas as sombras
para o nosso funeral esquecido.

Sentiremos que nunca mais ninguém irá lembrar
que fomos existência,
que chegamos a respirar.
Haverá nossos corpos plantados,
nosso templo sem imagens,
igual a um riso funesto do tempo,
como o remorso de um padre assassino.

ÚLTIMA VIAGEM AO NADA

Chove dentro do corpo
e não consigo beber apesar da sede.
Dorme o silêncio dentro do sino esquecido,
também igrejas sem imagens.
Chora como trem atravessando a noite,
quebrando paredes escuras do nada:
a linha férrea não sabe aonde chega,
apenas barulho de vaivéns gritando
no ventre morto do chão.

Não é preciso saber para onde se vai
quando não existem caminhos.
É só preciso olhar pelo vidro,
sentir as árvores correndo,
olhar o rosto transparente de fora,
naquilo que vai ficando ausente.

Dá-nos a impressão que os anos ficam:
de minhas bagagens, um punhado de malas vazias,
alguns sonhos murchos,
rótulos de cidades estranhas,
esses que algum guarda ferroviário colocou.
Não é preciso pensar aonde chegar,
porque ninguém estará esperando,
porque nenhuma carta foi escrita.
Bem sei o difícil, a impossibilidade,
minha inutilidade para falar.

Não sei a classe deste vagão,
nem sei quem me pagou a passagem,
sei que mãos antigas me deram o ingresso.

Existe mais alguém neste lugar,
mas ninguém fala
porque aqui é vagão de gente esquecida,
que caminha por caminhar.

Alguns têm as mãos agarradas às mãos,
um casal morto com um filho nos braços,
uma porção de flores enroladas num colo.
Há um menino que leva um caixão,
uma menina que tem a mulher de seu corpo
dentro de uma cartilha escolar,
um velho que chora tem sua janela aberta,
é grande o vento esparramando rostos.
Lá embaixo a parede roxa do mundo
e deste lado nem parede há.
Vai quebrando o gelo esquisito do tempo este trem,
vai petrificando as unhas,
os olhos de vidro numa agonia sem palavras.

Eu carrego meu fardo de nadas,
minha construção insignificante
nesta última viagem.
Eu viajo há tanto tempo
e esta noite nunca acaba.
Na minha frente um espelho partido
fazendo muitos rostos iguais ao meu.
A presença dos olhos sem brilho.
O guarda grita nomes de lugares,
mas ele é mudo e somos surdos.

Já não existe o gesto,
sei que todos esperam a manhã,
mas não haverá.

Este trem não anda no sentido plano,
ele está subindo há muito tempo.

É bobagem ficar pensando tanta coisa.

– Para que gritar, Álvaro, para quê?
Você não quer ver esses rostos,
você quer pular desse lugar,
cair no bojo da estrada inexistente,
no vácuo branco que não vê.

Nenhuma inscrição pelo caminho,
mais nada que se possa conhecer.

Vai indo o nosso trem,
sem baldeações,
sem greve,
embarcação que leva nossos restos
nos parágrafos partidos de nossa existência
sem capítulos lembrados.

NOTURNO MAIOR

São Paulo, 1963

Olhar sempre como se estivesse fim.
Ser existência no caos da vida
e permanência no silêncio maior dos gestos.
Haveremos de estar, mesmo que tudo seja final,
haveremos de correr,
colher coisas dos caminhos,
morrer nos relógios,
ressuscitar nas torres das igrejas.

*

Não gosto de ver minha porta aberta
pois tenho medo que o grito chegue
e me encontre
como das vezes passadas.
Não quero ver minha porta aberta,
pois não tenho coragem
de continuar ouvindo os vultos da rua.
Não quero a porta aberta,
nem fechada.
O que quero é que tirem a porta,
deixem só paredes.

*

Aprendi a ser adulto,
e deste crime
tenho a recompensa trágica
de andar sendo seguido pela sombra
do menino de mim assassinado.

*

Esta dor aumentando,
esta palavra caindo,
estes lábios cortados,
este tudo desesperado morrendo,
esta frase sem sentido,
esta agonia sem final.

É a última noite,
é a última noite,
é a noite horrível,
é a necessidade de morder a mão,
é a necessidade do grito,
é a necessidade de ser exato.
É a última noite,
é o último mundo.

*

Nesta hora inquieta,
quando todos os relógios estão parados,
quando todos os minutos estão mortos,

eu começo a sentir a agonia
caindo em gotas por cima dos olhos.
Agora que as árvores não conversam mais,
agora que tudo está quieto
como pranto de suicida,
agora que me encontro morto,
vou sair noite adentro
e gritar para as pedras,
devorar-me em cada instante
deste momento
em que os relógios estão parados
e os minutos mortos.

*

Não há mais o limpo, o puro, o simples,
nem os meninos da chuva há,
nem os pássaros dos mortos há,
nem o riso de terra e dentes de vida.
Os lugares estão frios,
e ruas não há mais.
Não estamos mais, não ficamos mais.
Não há mais o limpo, o puro, o simples,
nem os meninos da chuva há.

BIOGRAFIA

Álvaro Alves de Faria nasceu na cidade de São Paulo, no dia 9 de fevereiro de 1942, filho de Álvaro Dias de Faria, natural de Angola, já falecido, e de Lucília Alves de Faria, nascida em Anadia, nas imediações de Coimbra. É jornalista, poeta e escritor. Antes de optar pela carreira na área do jornalismo (iniciada ainda na adolescência, junto à Assessoria de Imprensa da Fiesp – Federação das Indústrias do Estado de São Paulo), exerceu vários ofícios, desde os 12 anos de idade, entre os quais o de jardineiro por conta própria, cuidando dos jardins da vizinhança, e depois o de operário-montador, numa fábrica de canetas, no bairro do Brooklyn Paulista. Descobriu muito cedo a vocação literária, graças ao contato com os escritores que freqüentavam a redação do extinto *Correio Paulistano*, onde trabalhou, como contínuo, por volta dos 15 anos.

Depois de breve passagem pela Assessoria de Imprensa do Governo do Estado de São Paulo, transferiu-se para os Diários Associados, onde militou durante quatorze anos, tendo sido responsável pela criação, no *Diário de São Paulo*, do suplemento Jornal de Domingo, de que foi o editor-responsável, até a extinção desse órgão.

Como jornalista da área cultural, recebeu por duas vezes o Prêmio Jabuti de Imprensa, da Câmara Brasileira do Livro, em 1976 e 1983, por sua atuação em favor do livro, e também por duas vezes, pelo mesmo motivo, o Prêmio Especial da Associação Paulista dos Críticos de Arte, em 1988 e 1989. Toda a sua atividade como jornalista tem sido dedicada à área cultural, especialmente à literatura, por meio de intensa colaboração para jornais e revistas, trabalho que também se estendeu ao rádio e à televisão.

Escreveu seu primeiro poema aos 11 anos de idade e aos 16 o primeiro livro, *Noturno maior*, só publicado em 1963. Seu quarto livro, *4 cantos de pavor e alguns poemas desesperados*, de 1973, recebeu nada menos que três prêmios: o Governador do Estado de São Paulo, o da Prefeitura Municipal de São Paulo e o Pen Clube Internacional de São Paulo. Em 1976, sua peça *Salve-se quem puder que o jardim está pegando fogo* recebeu o Prêmio Anchieta para Teatro. O volume único, em que reuniu toda a sua poesia, até 2003, *Trajetória poética*, foi premiado pela Associação Paulista dos Críticos de Arte como o melhor livro de poesia daquele ano.

Desde a edição de *20 poemas quase líricos e algumas canções para Coimbra* (1999), tem publicado com freqüência em Portugal, para onde viaja regularmente, seja para acompanhar os lançamentos, seja para participar de recitais e congressos, como o 3º Encontro Internacional de Poetas, do Centro de Estudos Anglo-Americanos da Universidade de Coimbra, em

1998, e o Congresso Portugal–Brasil 2000, na Universidade do Porto, em 2000, nas comemorações dos 500 anos do Descobrimento, seja ainda para estreitar as relações familiares e literárias. Tem poemas traduzidos para inglês, francês, italiano, espanhol, alemão, servo-croata e japonês, e dedica-se também a outros gêneros literários, tendo publicado vários livros de crônicas, contos, novelas, romances e ensaios. Seu teatro continua inédito, em livro.

BIBLIOGRAFIA

Obra de Álvaro Alves de Faria

POESIA

Noturno maior, São Paulo, Portugal Ilustrado, 1963.
Tempo final, São Paulo, Gráfica da Fiesp, 1964.
O sermão do viaduto, São Paulo, Brasil Ed., 1965.
4 cantos de pavor e alguns poemas desesperados, São Paulo, Alfa-Ômega, 1973.
Em legítima defesa, São Paulo, Símbolo, 1978.
Motivos alheios, São Paulo, Massao Ohno, 1983.
Mulheres do shopping, São Paulo, Global Editora, 1988.
Lindas mulheres mortas, São Paulo, Traço, 1990.
O azul irremediável, São Paulo, Maltese, 1992.
Gesto nulo, Curitiba, Ócios do Ofício, 1998.
20 poemas quase líricos e algumas canções para Coimbra, Coimbra, A Mar Arte, 1999.
Terminal, Curitiba, Ócios do Ofício, 1999.
Vagas lembranças, São Paulo, Quaisquer, 2001.
Poemas portugueses, Coimbra, Alma Azul, 2002.
A palavra áspera, Rio de Janeiro, Íbis Libris, 2002.
À noite, os cavalos, São Paulo, Escrituras, 2003.

Trajetória poética: poesia reunida, São Paulo, Escrituras, 2003.
Sete anos de pastor, Coimbra, Palimage, 2005.
A memória do pai, Coimbra, Palimage, 2006.
Inês, Coimbra, Palimage, 2007.
Babel, São Paulo, Escrituras, 2007.

PROSA DE FICÇÃO

O tribunal, novela, São Paulo, Martins, 1971.
O defunto: uma história brasileira, novela, São Paulo, Símbolo, 1976.
A faca no ventre, romance, São Paulo, Ática, 1979.
A noiva da avenida Brasil, crônicas, São Paulo, Vertente, 1981.
Strunca, literatura infanto-juvenil, São Paulo, Companhia Editora Nacional, 1985.
Autópsia, romance, São Paulo, Traço, 1986.
Dias perversos, romance, São Paulo, Maltese, 1994.

TEATRO

Vida paixão e morte de Augusto dos Anjos, poeta e cidadão brasileiro, em colaboração com Rofran Fernandes. Encenada em várias capitais brasileiras, antes de ser montada no Teatro Ruth Escobar, em São Paulo, em 1975.
Salve-se quem puder que o jardim está pegando fogo, premiada em 1976, proibida pela censura. Entrou

em cartaz no início dos anos 1980, no Teatro Alfredo Mesquita, em São Paulo, e teve várias montagens, por diferentes grupos.

ENSAIO

Borges: o mesmo e o outro, entrevista com Jorge Luis Borges, realizada em 1976, São Paulo, Escrituras, 2001.
Palavra de mulher, entrevistas com 20 escritoras brasileiras, São Paulo, Senac, 2003.
Hilda Hilst, perfil, Coimbra, Oficina de Poesia/Palimage, 2004.

PARTICIPAÇÃO EM ANTOLOGIAS

Antologia dos novíssimos, org. José Mariano Carneiro da Cunha, São Paulo, Massao Ohno, 1961.
Nova antologia brasileira da árvore, poesia, org. Maria Thereza Cavalheiro, São Paulo, Iracema, 1974.
Antologia Status de contos eróticos, São Paulo, Editora Três, 1977.
Chame o ladrão, contos, org. Moacir Amâncio, São Paulo, Edições Populares, 1979.
Poemas, trad. (esp.) Ricardo Rodrigues, Lima, Peru, ed. do trad., 1979.
Poemas, trad. (esp.) Ricardo Rodrigues, Cidade do México, ed. do trad., 1980.

Severino: a faca no ventre, Latin american Novel, Tóquio, Japão, Shinsekaisha, 1983.
Poema, trad. (jap.) Mitsuko Kawai, Tóquio, Japão, 1985.
Amor à brasileira, contos, org. Caio Porfírio Carneiro e Guido Fidelis, São Paulo, Traço, 1987.
Savremena Poezija Brazila: antologia de poetas contemporâneos brasileiros, org. André Kizil, trad. (servo-croata) Nina Marinovic, Iugoslávia, Bagdala, 1987.
15 poetas brasileiros contemporâneos, org. Manxa, trad. Oswaldo Ventura de la Fuente, Ciudad Real, Espanha, GrupoLiterário Guadiana/Imprenta Provincial, 1987.
Poema, trad. (jap.) Mitsuko Kawai, Tóquio, Japão, 1988.
Memórias de Hollywood, contos, org. Julieta de Godoy Ladeira, São Paulo, Nobel, 1988.
Maria Antonia: uma rua na contramão, depoimentos, org. Maria Cecília Loschiavo dos Santos, São Paulo, Nobel, 1988.
Contra lamúria, contos, org. Arnaldo Xavier e Roniwalter Jatobá, São Paulo, Casa Pyndahyba, 1994.
Poesia na escola: Álvaro Alves de Faria, antologia organizada por Sílvia Helena Nogueira, da Equipe da Oficina Pedagógica da Delegacia de Ensino de Jacareí, SP, 1994-1996.
Poesia sempre, Rio de Janeiro, Fundação Biblioteca Nacional, 1996.

Sejam bem-vindos os poetas, São Paulo, D.O. Leitura, Imprensa Oficial do Estado, 1997.

Natureza cidade, poesia, org. José Pinto e Iuri Moraes, São Paulo, Ministério da Cultura/Volkswagen, 1997.

Fui eu, poesia, org. Eunice Arruda, a partir de um quadro de Valdir Rocha, São Paulo, Escrituras, 1998.

Orion, poesia, org. Maria Helena Nery Garcez, Benjamin Abdala Júnior e Teresa Rita Lopes, São Paulo, Saraiva, 1999.

Sarau, poesia, São Paulo, Centro de Encontro das Artes, São Paulo, 1999.

Literatura portuguesa e brasileira, poesia, org. João Almino e Arnaldo Saraiva, Porto, Congresso Portugal-Brasil Ano 2000/Fundação Calouste Gulbenkian, 2000.

Nove poetas brasileiros, org. Elsa Ligeiro, Coimbra, Alma Azul, 2000.

Antologia de poetas brasileiros, org. Mariazinha Congílio, Lisboa, Universitária, 2000.

Poesia do mundo, org. Maria Irene Ramalho de Souza Santos, Porto, Afrontamento, 2001.

Antologia de poetas paulistas, org. Mariazinha Congílio, Lisboa, Universitária, 2001.

27 poemas/xilogravuras de Valdir Rocha, São Paulo, Escrituras, 2001.

Os apóstolos, contos, org. Márcia Denser, São Paulo, Nova Alexandria, 2002.

Poesia sempre, Rio de Janeiro, Fundação Biblioteca Nacional, 2002.

Poetas revisitam Pessoa, org. João Alves das Neves, Lisboa, Universitária, 2003.
Cena poética/Scène poétique, org. Celso de Alencar e Yvon LeMen, São Paulo/Paris, Limiar/Cena, 2003.
Pescando peixes graúdos em águas brasileiras, poesia, org. Geraldo Pereira, Goiânia, Diálogo Poético, 2004.
InSPiração: textos poéticos para São Paulo, org. Rodrigo de Faria e Silva, São Paulo, FS Editor, 2004.
O zodíaco, contos, São Paulo, Nova Alexandria, 2005.
Poema: oficina de poesia, Coimbra, Palimage, 2005.
As pedras dos templários: nos 800 anos de Idanha-a-Nova, poesia, org. Graça Capinha, Vila Nova de Famalicão, Portugal, Quasi, 2006.
Palavras de vento e pedras, poesia, org. Pedro Salvado, Fundão, Portugal, Autarquia do Fundão, 2006.
Paixão por São Paulo, poesia, org. Luiz Roberto Guedes, São Paulo, Terceiro Nome, 2004.
Poetas paulistas, org. Paulino Rolim de Moura, São Paulo, Nankin, 2006.

ORGANIZAÇÃO DE ANTOLOGIAS

Cantares ao meu povo: antologia poética de Solano Trindade, São Paulo, Brasiliense, 1981.
Anjos poéticos, São Paulo, Nova Alexandria, 1995.
Brasil 2000: antologia de poesia contemporânea brasileira, Coimbra, Alma Azul, 2000.

Antologia poética da Geração 60, em colab. Carlos Felipe Moisés, São Paulo, Nankin, 2000.

Sobre Álvaro Alves de Faria

EM JORNAIS E REVISTAS

Domingos Carvalho da Silva, "Tempo Final", *Diário de São Paulo*, 26/7/1964.
Paulo Bomfim, "Elegia de um deus só", *Diário de São Paulo*, 28/9/1965.
Sérgio Milliet, "De revolta", *O Estado de S. Paulo*, 25/7/1965.
Lourdes Bernardes, "O poeta do viaduto", *Jornal de Letras*, Rio de Janeiro, agosto de 1965.
Helle Alves, "Moços poetas não falam de amor, mas de revolta", *Diário de São Paulo*, 18/7/1965.
Herculano Pires, "O sermão do Viaduto", *Diário da Noite*, São Paulo, 27/6/1966.
Herculano Pires, "Ainda o Sermão do Viaduto", *Diário da Noite*, São Paulo, 28/6/1966.
Herculano Pires, "Poesia e Povo", *Diário da Noite*, São Paulo, 29/6/1966.
Paulo Bomfim, "O Sermão do Viaduto", *Diário de São Paulo*, 18/10/1966.
Helle Alves, "O Sermão do Viaduto", *Diário de São Paulo*, 26/6/1966.
Bruna Becherucci, "Poesia de um jovem", *O Estado de S. Paulo*, 15/7/1966.

João Alves das Neves, "Poesia e poetas", *O Estado de S. Paulo*, 8/9/1966.

Henrique L. Alves, "O poeta das ruas e o prêmio", *A Gazeta Esportiva*, São Paulo, 18/12/1966.

Sérgio Milliet, "Jovens poetas", *O Estado de S. Paulo*, 19/6/1966.

Domingos Carvalho da Silva, "O sermão do Viaduto", *Diário de São Paulo*, 11/6/1966.

Antonio D´Elia, "A jovem poesia como um raio ou uma faca", *Diário de São Paulo*, 20/11/1966.

J. Pereira, "Do viaduto um Sermão que se ouve com muito prazer", *Diário de São Paulo*, 19/6/1966.

"Tudo é poesia em Álvaro de Faria", *Folha de S.Paulo*, Folha Feminina, 17/7/1966.

"DOPS proíbe poeta de versejar na rua", *O Globo*, Rio de Janeiro, 19/12/1966.

Wilson Martins, "Poesia II", *O Estado de S. Paulo*, 21/1/1967.

Fernando Góes, "Regresso auspicioso", *Diário da Noite*, São Paulo, 7/6/1972.

Geraldo Galvão Ferraz, "Os contos de um poeta", *O Estado de S. Paulo*, 9/7/1972.

Caio Porfírio Carneiro, "A ficção de Álvaro Alves de Faria", *A Gazeta*, São Paulo, 1 e 3/8/1972.

Torrieri Guimarães, "A visão poética, inquieta e contundente de nossa época", *Folha da Tarde*, São Paulo, 1/2/1973.

Wladyr Nader, "Uma nova linguagem", *Folha de S.Paulo*, Ilustrada, 1/12/1973.

Carlos Eduardo Lins da Silva, "A poesia está morrendo", *Revista Mocidade*, nº 201, São Paulo, setembro de 1974.

"Álvaro de Faria: poeta de uma geração falida", *Última Hora*, Gente, São Paulo, 1974.

"A revolta dos poetas", *Última Hora*, São Paulo, 30/11/1975.

Ignácio de Loyola Brandão, "Recado para Álvaro de Faria", *Última Hora*, 24/9/1976.

Roberto Gomes Fontes, "O Tribunal de Álvaro de Faria", *A Gazeta*, Livros, São Paulo, 27/3/1976.

Geraldo Galvão Ferraz, "O Tribunal", *Veja*, São Paulo, 28/4/1976.

"O grito absurdo de um livro chamado "O Tribunal", *Última Hora*, São Paulo, 17/4/1976.

Ênio Fonseca, "O defunto, ficção e realidade", *Diário de Minas*, Belo Horizonte, 9/12/1976.

Érica Knapp, "Álvaro de Faria no ponto de partida", *Folha de S.Paulo*, Ilustrada, 14/12/1976.

Carlos Menezes, "O defunto – uma história brasileira começa no capítulo que o leitor quiser", *O Globo*, Rio de Janeiro, 13/1/1977.

Janete Gutierrez, "Esse defunto não é só dos brasileiros", *Última Hora*, São Paulo, 12/1/1977.

José Louzeiro, "Vanguarda de pés no chão", *Movimento*, Literatura, Rio de Janeiro, 30/5/1977.

H. Spencer, "O defunto, uma história brasileira", *Diário do Comércio*, Belo Horizonte, 6/1/1977.

Torrieri Guimarães, "O defunto: um símbolo e uma áspera denúncia", *Folha da Tarde*, São Paulo, 25/3/1977.

Roberto Fontes Gomes, "O defunto de Álvaro de Faria", *A Gazeta*, Livros, São Paulo, 17/1/1977.

Joba Tridente, "Álvaro Alves de Faria, ou seja: A arquitetura do céu é muito mais complexa", *Correio Braziliense*, Caderno 2, Brasília, 28/8/1977.

"Em defesa das palavras sufocadas", *Última Hora*, São Paulo, 31/8/1978.

Paulo Lara, "Campina Grande vê peça de Álvaro de Faria", *Folha da Tarde*, No Teatro, São Paulo, 26/7/1978.

Hilton Viana, "Peça de Álvaro de Faria na Mostra Nacional de Teatro", *Diário da Noite*, São Paulo, 19/7/1978.

Miguel Jorge, "Em legítima defesa", *O Popular*, Goiânia, 17/9/1978.

"A Poesia", *Diário dos Campos*, Ponta Grossa, Paraná, 3/9/1978.

"Álvaro de Faria, antes de tudo, poeta", *Folha de S.Paulo*, 26/8/1978.

Danilo Maia, "Deixando o túnel", *Jornal do Brasil*, Livros, Rio de Janeiro, 4/11/1978.

Carlos Romero, "Em legítima defesa", *A União*, Letras, João Pessoa, 30/8/1978.

"Álvaro de Faria lança livro e peça na Paraíba", *Diário da Noite*, São Paulo, 17/7/1978.

"Um país que vê a poesia como lixo", *Diário de São Paulo*, 3/9/1978.

Roberto Gomes Fontes, "Álvaro de Faria e sua poesia Em legítima defesa", *A Gazeta*, Livros, São Paulo, 11/9/1978.

Maria Amélia Mello, "Faca no ventre da cidade", *Suplemento da Tribuna,* Tribunal de Imprensa, Rio de Janeiro, 4/11/1979.

Carlos Menezes, "Violência e opressão na grande cidade, temas de A faca no ventre", *O Globo,* Rio de Janeiro, 31/10/1979.

"A faca no ventre, no ventre da cidade", *O Estado de Goiás,* Goiânia, 4/10/1979.

Carlos Romero, "A luta pela sobrevivência", *A União,* Letras, João Pessoa, 11/11/1979.

Marcílio Farias, "O ventre de todos nós", *Correio Braziliense,* Brasília, 3/12/1979.

Lígia Sanches, "O poeta sobe ao palco e fala de violência", *Folha de S.Paulo,* Ilustrada, 3/10/1979.

Ciro Colares, "Um forte romance", *Tribuna do Ceará,* Fortaleza, 3/11/1979.

José Sousa Melo, "Um retrato do Brasil", *Jornal de Alagoas,* Maceió, 20/12/1979.

Sérgio Escovedo, "A faca no ventre da cidade", *Sete Dias,* Jornal do Livro, Niterói, 27/10/1979.

Alcine Ribeiro Leite, "A faca no ventre", *O Estado de Minas,* Suplemento Literário, 2/2/1980.

Lígia Sanches, "Fome, miséria e violência no submundo de São Paulo", *Folha de S.Paulo,* Ilustrada, 13/1/1980.

Múcio de Almeida, A faca no ventre", *Folha Popular,* Sant´Ana do Livramento, 9/1/1980.

Jurandy Moura, "A faca no ventre", *Correio das Artes,* João Pessoa, 10/2/1980.

Odosvaldo Portugal Neiva, "O mapeamento literário. E a revelação de autores nacionais contemporâneos", *Tribuna do Norte*, Natal, 20/3/1980.

Salete de Almeida Cara, "Nem Caetano nem Vanzolini, nesta vida Severina", *Jornal da Tarde*, São Paulo, 26/4/1980.

Campomizzi Filho, "Faca no ventre", *Folha do Povo*, Ubá, 14/3/1981.

Ailton Santos, "Álvaro de faria: a poesia para consumo", *Tribuna de Santos*, 1/6/1981.

"Álvaro de Faria, crônicas reunidas", *O Estado de S. Paulo*, 12/6/81.

Torrieri Guimarães, "Conheça a noiva da avenida e seu criador", *Folha da Tarde*, São Paulo, 11/6/1981.

Antonio Zago, "Crônicas de amor do poeta pela cidade", *Folha de S.Paulo*, Ilustrada, 21/6/1981.

Antonio Zago, "Gesto de amor pela cidade", *Folha de S. Paulo*, Folha Ilustrada, 20/7/1981.

Torrieri Guimarães, "Álvaro: novo livro e vinte anos de Poesia", *Folha da Tarde*, São Paulo, 21/7/1982.

Fernando Paiva, "A maturidade poética de Álvaro Alves de Faria", *Folha de S.Paulo*, Ilustrada, 11/12/1983.

Torrieri Guimarães, "Álvaro Alves de Faria e os seus vinte anos de poesia", *Folha da Tarde*, São Paulo, 13/12/1983.

Moacir Amâncio, "Álvaro Alves de Faria, um poeta fiel a si mesmo", *Jornal da Tarde*, São Paulo, 23/12/1983.

"Motivos Alheios, poesia de Álvaro Alves de Faria", *O Estado de S. Paulo*, 16/12/1983.

Domingos Pellegrini, "Ciclo Poético", *Folha de Londrina*, 30/6/1984.

Aílton Santos, "Álvaro de Faria: Do Sermão do Viaduto aos Motivos Alheios", *A Tribuna*, Santos, 1/4/1984.

Carlos Menezes, "Álvaro Alves de Faria: O Brasil tem muitos poetas e bem pouca poesia", *O Globo*, Prosa & Verso, Rio de Janeiro, 13/2/1984.

Carlos Menezes, "Autópsia de uma História violenta", *O Globo*, Livros, Rio de Janeiro, 10/9/1986.

Cláudio Willer, "Em estado bruto", *Leia*, São Paulo, setembro de 1986.

Guido Fidélis, "Autópsia: os dois lados da violência", *Diário do Grande ABC*, São Paulo, 24/8/1986.

Carlos Felipe Moisés, "Uma lírica e irônica observação do cotidiano", *Jornal da Tarde*, Caderno de Sábado, São Paulo, 1/10/1988.

Eunice Arruda, "Os 25 anos da publicação de Noturno Maior", *O Escritor*, UBE, São Paulo, dezembro de 1988.

Guido Fidélis, "Mulheres do shopping, novo livro do poeta Álvaro Alves de Faria", *Diário do Grande ABC*, Caderno B, Idéias/Livros, São Paulo, 17/9/1988.

Carlos Nejar, "O tear do poema", *A Gazeta*, Vitória, 6/12/1992.

Deonísio da Silva, "A desesperada prosa de um poeta", *Jornal da Tarde*, Caderno de Sábado, São Paulo, 28/5/1994.

Miguel Jorge, "O Sermão do Viauduto, Poema discurso com 660 versos", *Opção Cultural*, Goiânia, Goiás, 2/11/1997.

Nicolau Farah, "Poeta das ruas", *Diário Popular*, Revista Já, São Paulo, 21/9/1997.

Deonísio da Silva, "Trágico, mas sensual", *O Estado de S. Paulo*, Caderno 2, 8/10/1998.

"Poesia do Brasil para cantar Coimbra", *Diário Beiras*, Coimbra, Portugal, 8/5/1999.

"Poeta brasileiro inspirou-se em Coimbra", *Diário de Coimbra*, Portugal, 7/5/1999.

Marcello Rollemberg, "A poesia que une dois mundos", *Jornal da USP*, São Paulo, 4/7/1999.

Graça Capinha, "É nulo pensar que a poesia possa", *NON!Ler*, Revista Crítica de Opinião, Idéias e Arte, Coimbra, Portugal, junho de 1999.

Álvaro Cardoso Gomes, "Uma viagem pela memória arcaica", *Jornal da Tarde*, Caderno de Sábado, São Paulo, 4/9/1999.

André Rosemberg, "O poeta orador", *Revista Página Central*, São Paulo, julho de 1999.

Cyro de Mattos, "Andanças de caminhante lúcido", *A Tarde*, Suplemento Cultural, Salvador, outubro de 1999.

João Alves das Neves, "Vinte poemas quase líricos e algumas canções para Coimbra", *Diário do Centro*, Coimbra, Portugal, 8/5/2000.

"O marketing antipoético e a mídia cultural brasileira", *Jornal de Brasília*, Domingo, Leitura, Brasília, 23/7/2000.

Erorci Santana, "Novela do poeta chega ao cinema", *O Escritor*, UBE, São Paulo, novembro de 2001.
Ruy Ventura, "Memórias da literatura brasileira", *O Distrito de Portalegre*, Suplemento Fanal, Portalegre, Portugal, 23/2/2001.
João Luiz Sampaio, "O embaixador das letras brazucas na terra del rey", *O Estado de S. Paulo*, Caderno 2, 8/11/2002.
Fabrício Carpinejar, "Poesia Líquida", *Rascunho*, Curitiba, julho de 2002.
Marici Salomão, "Um poeta e sua homenagem a grandes autoras", *O Estado de S. Paulo*, Caderno 2, 6/10/2003.
Janaína Cunha Melo, "A literatura não tem sexo", *O Estado de Minas*, Cultura, Belo Horizonte, 27/1/2004.
Fabrício Carpinejar, "Dois poetas da geração 60 reúnem suas obras", *O Estado de S. Paulo*, Caderno 2, Cultura, 1/2/2004.
Tacilda Aquino, "Álvaro Alves de Faria, autor da semana", *O Popular*, Literatura, Goiânia, 13/1/2004.
Deonísio da Silva, "A travessia de Álvaro", *Rascunho*, Curitiba, fevereiro de 2004.
Samuel Penido, "Lâmina, dor e rebeldia", *O Escritor*, UBE, São Paulo, setembro de 2004.
Ronaldo Cagiano, "Um pescador de palavras", *Rascunho*, Curitiba, junho de 2005.
Floriano Martins, "Álvaro a caminho de Portugal", *Revista Agulha*, nº 45, Fortaleza, maio de 2005; Triplov, Lisboa, Portugal, maio de 2005.

Deonísio da Silva, "Poeta exilado", *Jornal do Brasil*, Rio de Janeiro, 22/11/2005.

Adelto Gonçalves, "A poesia como busca das raízes", *O Primeiro de Janeiro*, Porto, Portugal, 26/9/2005.

"Poesia conduz viagem pela língua portuguesa", *O Estado de S. Paulo*, Caderno 2, Cultura, 31/7/005.

Betty Vidigal, "Sete anos de pastor Álvaro servia", *O Escritor*, UBE, São Paulo, outubro de 2005.

"Na contramão", *Revista Caros Amigos*, São Paulo, julho de 2005.

Cláudio Tognolli, "Busca da poesia em Portugal", AOL, 2/7/2005.

EM LIVROS

"Alvaro Alves de Faria", verbete in *Dicionário literário brasileiro*, org. por Raimundo de Menezes, São Paulo, Saraiva/Instituto Nacional do Livro, 1969

Nogueira Moutinho, "Dez anos de Criação", in *4 cantos de pavor e alguns poemas desesperados*, São Paulo, Alfa-Ômega, 1973.

Lygia Fagundes Telles, "Dez anos de poesia", in *4 cantos de pavor e alguns poemas desesperados*, São Paulo, Alfa-ômega, 1973.

Geraldo Galvão Ferraz, "Prefácio", in *O tribunal*, 2ª ed., São Paulo, Símbolo, 1976.

João Antonio, Quarta capa, in *O tribunal*, 2ª ed., São Paulo, Símbolo, 1976.

Torrieri Guimarães, "Bilhete a Álvaro Alves de Faria", in *Bilhetes*, São Paulo, Símbolo, 1976.

Nelly Novaes Coelho, in *Literatura e linguagem, a obra literária e a expressão lingüística*, São Paulo, Quíron, 1976.

Jorge Amado, Quarta-capa, in *Em legítima defesa*, São Paulo, Símbolo, 1978.

Marisa Lajolo, "São Paulo, meu amor", in *A faca no ventre*, São Paulo, Ática, 1979.

Ignácio Loyola Brandão, "Prefácio", in *A noiva da avenida Brasil*, São Paulo, Vertente, 1981.

Carlos Felipe Moisés, "Uma Lira de 20 anos", in *Motivos alheios*, São Paulo, Massao Ohno, 1983.

Alberto Beuttenmuller, "Vinte anos depois", in *Motivos alheios*, São Paulo, Massao Ohno, 1983.

Affonso Romano de Sant'Anna, Quarta capa, in *Motivos alheios*, São Paulo, Massao Ohno, 1983.

Renato Pompeu, "Uma análise emocionada de um momento no Brasil", in *Autópsia*, São Paulo, Traço, 1986.

José Louzeiro, "Tempo dramático", in *Autópsia*, São Paulo, Traço, 1986.

Mário Chamie, "As alusões do poeta", in *Mulheres do shopping*, São Paulo, Global, 1988.

Affonso Romano de Sant´Anna, "O poeta e a bala", in *O lado esquerdo de meu peito*, Rio de Janeiro, Rocco, 1993.

Nelly Novaes Coelho, "Palavra poética de resistência ao caos, à morte, ao nada", in *O sermão do viaduto*, 30 anos depois, São Paulo, Traço, 1997.

Graça Capinha, "Que a palavra do viaduto é a palavra do século", in *20 poemas quase líricos e algumas canções para Coimbra*, Coimbra, Portugal, A Mar Arte, 1999.

Carlos Felipe Moisés, "A sedição do poema", in *Terminal*, São Paulo, RG Editores, 1999.

José Nêumanne Pinto, "A banda dos sem-engano", in *Terminal*, Curitiba, Ócios do Oficio, 1999.

"Álvaro Alves de Faria", verbete in *Enciclopédia de literatura brasileira*, org. por Afrânio Coutinho e José Galante de Souza, São Paulo, Global, 2001

Alexei Bueno, "Prefácio", in *A palavra áspera*, Rio de Janeiro, Íbis Libris, 2002.

Maria Irene Ramalho e Antonio Sousa Ribeiro, "A magia da tribo", in *Entre ser e estar, raízes, percursos e discursos da identidade*, org. por Graça Capinha, Porto, Portugal, Afrontamento, 2002.

Carlos Felipe Moisés, "Prefácio", in *Poemas portugueses*, Coimbra, Portugal, Alma Azul, 2002.

Antonio Carlos Secchin, "Álvaro Alves de Faria: a poética do corte", in *Trajetória poética, poesia reunida*, São Paulo, Escrituras, 2003.

Cláudio Willer, "Posfácio", in *Trajetória poética, poesia reunida*, São Paulo, Escrituras, 2003.

Carlos Nejar, "Um caminho singular na poesia em língua portuguesa", in *Trajetória poética, poesia reunida*, São Paulo, Escrituras, 2003.

Graça Capinha, "O apelo que murmura em vossa fala", in *Oficina de poesia*, Coimbra, Portugal, Palimage, 2006.

Carlos Felipe Moisés, "A memória do pai", in *A memória do pai*, Coimbra, Portugal, Palimage, 2006.

ENTREVISTAS E PROGRAMAS ESPECIAIS NA TV

"O poeta do viaduto". Documentário. Entrevista a Marisa de França, TV Câmara, São Paulo, 1998.
"20 poemas quase líricos e algumas canções para Coimbra". Entrevista a Pasquale Cipro Neto, Nossa Língua Portuguesa, TV Cultura, São Paulo, 1999.
"O poeta da cidade". Entrevista a Márcia Moreno, TV Bandeirantes, Jornal da Noite, São Paulo, outubro de 1999.
"Brasil 2000 – Antologia de poesia contemporânea Brasileira". Entrevista a Pasquale Cipro Neto, Nossa Língua Portuguesa, TV Cultura, São Paulo, 2000.
"Álvaro Alves de Faria, jornalista, poeta e escritor". Entrevista a formandos em Jornalismo sob orientação de Flávio Prado, TV São Judas, Universidade São Judas, Canal Universitário, São Paulo, 2001.
"A solidão de Jorge Luis Borges". Entrevista a José Nelo Marques, TV Uniban, Universidade Bandeirantes, Canal Universitário, São Paulo, 2002.
"A Poesia de Álvaro Alves de Faria". Depoimento/Entrevista a Liésio Pereira, TV Assembléia, São Paulo, outubro de 2002.

"Problemas do Livro e da Leitura no Brasil". Entrevista a Sérgio Azevedo, TV Unisa, Universidade de Santo Amaro, Canal Universitário, São Paulo, 2003.
"Trajetória Poética, 40 anos de poesia". Depoimento/Entrevista a Liésio Pereira, TV Assembléia, São Paulo, setembro de 2004.
"A poesia de Álvaro Alves de Faria em Portugal", Entrevista a Elyana Martins, Programa Luso-Brasileiro, Canal Comunitário, São Paulo, 2005.
"Um poeta brasileiro em Portugal". Entrevista a Raquel Santos, programa "Entre nós", RTP, Rádio e Televisão de Portugal, Universidade Aberta de Lisboa, Portugal, 2005.

ADAPTAÇÕES PARA CINEMA

Werner e Willy Schumann, roteiro e direção de *Onde os poetas morrem primeiro*, filme de 2001, baseado na novela *O Tribunal*.

Nivaldo Lopes, roteiro e direção de *Borges, o homem dos olhos mortos*, filme de 2005, baseado na entrevista *Borges, o mesmo e o outro*.

ÍNDICE

Saudação a Álvaro Alves de Faria 7
Transitoriedade e Permanência 13

BABEL (2007)

Poema 3 53
Poema 14 54
Poema 17 55
Visão Alucinatória 8 56
Poema 30 58
Poema 33 60

INÊS (2007)

Por vós me calo nesta hora 61
Arde-me na boca este grito inclemente 62
Guardai, Inês, a brancura das manhãs 62
Não amanhece, Inês, deste lado do Mondego, ... 63
Porque se eterniza em vós o sol dos dias, ... 63

Estais bela, Inês, a correr os campos, ... 64
Doem em mim os ventos de Portugal, ... 65

A MEMÓRIA DO PAI (2006)

Meu pai 67
Reminiscente aquele gesto 68
Na figura desse pastor a olhar a tarde 68
Quando fechei os olhos de meu pai 69
Não sei dizer, pai, dessa alegria 70
Nesse pomar entre as pedras do chão 71
O castigo que me imponho 72
Pouco sei desta memória 72
Quando se põe o sol no meu quintal 76
Também queria recordar, pai, ... 77
Poucas palavras me restam 77
Queria apenas 78

SETE ANOS DE PASTOR (2005)

Decisão 79
Flautista 80
Poema 84
Destino 84
No Início da Noite 85

Servo 86
6 Atos 86
Dois Sonetos para Inês de Castro 88
Eis-me por vós em duelo 89
Pois que assim em vosso seio 90

À NOITE, OS CAVALOS (2003)

História 92
Prece 94
Álvaro 95
Praticidade 97
Maiakovski 98
Xangai 99
Jardim 100

A PALAVRA ÁSPERA (2002)

Poesia (I) 102
Poesia (II) 103
Língua 103
Poente 104
Aparência 104
Destino 105
Lâminas 105

Negra 106
Obra 107
Poesia (III) 107

POEMAS PORTUGUESES (2002)

Memória 109
Santa Apolônia 110
Os Espelhos dos Cafés 112
A Rainha 113
Lisboa 114
Alma 116
Prece 116
Beatriz 117
Diante do Mar 118

VAGAS LEMBRANÇAS (2001)

Nossa Senhora da minha guarda 120
O homem comum atravessa 120
A farpa do dia 121
O espanto que cala 122
Poesia escassa poesia 122

TERMINAL (1999)

Memória	124
Anatomia	125
Alumbramento	126
Final	127
Póstumo	128
Poético	130
Viagem	131
Terminal	133
Inesperado	135
Nada	136
Auto-retrato	137
Espetáculo	137
Ponto Final	138

20 POEMAS QUASE LÍRICOS E ALGUMAS CANÇÕES PARA COIMBRA (1999)

Penso como se este instante não existisse,	139
Leio teus poetas	140
O que guardo na memória	141
As cores que me encantam	142
Quando o Mondego	143

265

GESTO NULO (1998)

Retrato 145
Possibilidade 146
Buenos Aires 147
Momento 147
História 148
O Tango 149
Paganini 150
Bailarinas 151

O AZUL IRREMEDIÁVEL (1992)

A linguagem é a palavra 152
Vírgulas brancas 152
Adjetivos antigos cortam 153
A poesia tece a teia 153
O poema não tem obrigação 153
Flautas tocam no fundo do poço 154
Pálidas mulheres 154
A sala tem um quadro 155
Vagos são os dias vagos, ... 156
O avião parte com asas de alumínio 156
Do amor resta o rasgo 157
A renda do vestido 157

O dedo aponta um rumo 158
Atrizes se despem no palco 158
O romance diz que um besouro 159
Passam pássaros pousam 159
A poesia corta o poema 160
A pessoa certa atravessa 160
Há uma igreja azul no meio da noite 161
Diante do quadro 162
Aqui na floricultura 162
Um automóvel vermelho 163
A mulher na minha frente 163
Inútil querer construir 164
O poema de amor não tem forma 165
A moça da revista 165
O carro funerário pára no farol 166
O tanque de guerra se aproxima 166
Quando escrevo um poema 167
O estádio tem 167

LINDAS MULHERES MORTAS (1990)

De Morrer 168
A Saudade 169
O Cenário 170

A Rotina 170
A Circunstância 171
As Meninas 172
Santa Ifigênia 173
Civismo – 1 174
Civismo – 2 174
Civismo – 3 175
Civismo – 4 175

MULHERES DO SHOPPING (1988)

Televisão 176
Os Santos 177
Um Frasco de Perfume 177
Cavalos 178
O Gato 178
Mulheres do Shopping 179
Avião 180
Delírio 181
O Computador 181
As Formigas 182

MOTIVOS ALHEIOS (1983)

Motivos Alheios 183

A Sombra 184
Retrato (I) 185
Retrato (II) 186
O Encontro 187
A Noiva 188
Reginamar 190
História 191
Olhos Brancos 192
Dose Excessiva 193

EM LEGÍTIMA DEFESA (1978)

Em Legítima Defesa 195
A Caixa de Fósforos 197
Quase Fato Inusitado 197
A Ciranda 198
O Umbral 199
A Cidade (I) 200
Poema de um Tempo Urgente no
    Parque do Ibirapuera 201
A Cidade (II) 203
Poema no Hotel Nacional de Brasília 203
O Santo das Pessoas Desesperadas 204

4 CANTOS DE PAVOR E ALGUNS POEMAS DESESPERADOS (1973)

Primeiro Canto 206
Segundo Canto 208
A Sala 210
A Semana 211
Fotografia 212
Poema em Transe Invertido 213

O SERMÃO DO VIADUTO (1965)

O relógio é um órgão metálico em nosso pulso 218
Nós somos meninos homens correndo
atrás de definições 220
Serraram o meu coração 220
Eu buscarei os que não foram chamados: 221
Tiraram tudo: agora eu me sinto envolto
numa sombra, ... 221
Nós somos quase póstumos 223

TEMPO FINAL (1964)

Último 224
De Mim, o Final 225

Nós, os Últimos 226
Última Viagem ao Nada 230

NOTURNO MAIOR (1963)

Olhar sempre como se estivesse fim. 233
Não gosto de ver minha porta aberta 233
Aprendi a ser adulto, ... 234
Esta dor aumentando, ... 234
Nesta hora inquieta, ... 234
Não há mais o limpo, o puro , o simples, ... 235

Biografia 237
Bibliografia 241

GRÁFICA PAYM
Tel. (011) 4392-3344
paym@terra.com.br